国家自然科学基金项目（41871215、U1704133）
河南省高校科技创新人才支持计划（人文社科类）资助（20
河南省软科学研究项目（242400410061）
河南财经政法大学信和 · 黄廷方青年学者资助计划

经济社会转型与地区环境治理提升

Economic and Social Transformation, Improvement of Regional Environmental Governance

李子豪 / 著

中国经济出版社
CHINA ECONOMIC PUBLISHING HOUSE
· 北 京 ·

图书在版编目（CIP）数据

经济社会转型与地区环境治理提升研究 / 李子豪著
. -- 北京：中国经济出版社，2020.7
ISBN 978-7-5136-6241-3

Ⅰ. ①经… Ⅱ. ①李… Ⅲ. ①区域经济 - 转型经济 - 影响 - 地方政府 - 环境综合整治 - 研究 - 中国Ⅳ. ① F127 ② X321.2

中国版本图书馆 CIP 数据核字（2020）第 129134 号

责任编辑　张梦初
责任印刷　巢新强
封面设计　北京任燕飞工作室

出版发行　中国经济出版社
印 刷 者　北京科信印刷有限公司
经 销 者　各地新华书店
开　　本　710mm × 1000mm　1/16
印　　张　12.75
字　　数　260 千字
版　　次　2020 年 7 月第 1 版
印　　次　2020 年 7 月第 1 次
定　　价　68.00 元
广告经营许可证　京西工商广字第 8179 号

中国经济出版社 **网址** www.economyph.com **社址** 北京市东城区安定门外大街 58 号 **邮编** 100011
本版图书如存在印装质量问题，请与本社销售中心联系调换（联系电话：010-57512564）

目录 Contents

摘要 Preface

环境污染问题已经成为中国经济社会可持续发展面临的重大挑战，当前，中国环境承载能力已经达到或接近上限，生态文明建设正处于压力叠加、负重前行的关键期，加强环境治理刻不容缓。然而，在新时代中国特色社会主义建设过程中，经济社会转型中的一些突出问题仍然有待解决：社会需求结构调整、产业转型升级的步伐仍需加快，反腐败斗争形势依然严峻复杂，全面对外开放的体制机制仍有待完善，公众参与社会治理的呼声不断提高，地方政府之间的经济竞争愈发激烈，全面提升雾霾污染治理能力和成效仍需坚持。因此，经济社会转型中相关因素是否会对地区环境治理产生影响？若是，相关因素通过何种渠道、作用机制对地区环境治理能力产生影响？ 如何通过系统政策性和制度性设计，实现经济社会优化转型与地区环境治理能力提升的协同推进？这些都是迫切需要研究和解决的现实问题，也是本书的研究重点。因此，在中国进入“更好满足人民在经济、政治、文化、社会、生态等方面日益增长的需要，更好推动人的全面发展、社会全面进步”的社会主义新时代，环境治理也进入“污染防治攻坚战”的关键时期，研究经济社会转型与地区环境治理提升，具有重要意义。

为了实现以上目标，本书研究思路和框架设计如下：首先，通过对近10余年来全国层面、30个省（区、市）环境污染和环境治理发展态势的系统比较分析，初步了解地区环境污染与环境治理的主要现实。其次，考虑到中国各地区经济需求结构调整不断推进、环保领域腐败问题日益突出、对外开放程度持续提升、公众环保参与日益广泛的现实背景，基于对环境经济学、制度经济学相关理论和现实的梳理分析，提出了需求结构调整对地区环境治理的空间效应、政府清廉度（腐败）对地方政府环境治理的空间关联效应和门槛效应、外商直接投资对地区环境治理的门槛效应和渠道差异、环保公众参与对地方政府环境治理的影响渠道差异等一系列理论假说，并且基于中国30个省（区、市）200多个城市的面板数据，利用空间面板分位数回归、动态空间计量、动态门槛面板估计等实证方法，较为系统地考察了需求结构调整、政府清廉度、外商直接投资和环保公众参与等经济社会转型因素对地区环境治理的客观影响。再次，考虑到当前经济社会转型中，地方政府之间财税竞争不断加剧、产业结构调整不断加深的态势，基于2000—2014年的省际面板数据，利用Dagum基尼系数测算、面板空间联立方程估计等实证估计方法，较为系统地考察了地方政府财税竞争、产业结构调整对地区绿色发展的影响。最后，针对当前地方政府环境治理中的重要攻坚对象——雾霾污染，利用中国2003—2016年30个省（区、市）和2007—2016年217个城市的面板数据，采用动态空间杜宾模型和动态面板门槛估计方法，系统考察了地方政府环境治理对雾霾控制的渠道差异，以及地方政府环境治理在雾霾控制中存在的空间关联效应和地区科技水平、城镇化门槛效应。

本书在以下三方面有所推进：第一，研究视角上。将众多经济社会转型因素纳入地区环境治理研究当中，弥补了现有研究的不足；对地区环境治理的考察，不局限于传统的环境治理立法、环境治理投资、环境规制执行单独某方面，而是综合了多种指标考虑，研究更加全面系统。第二，研究方法上。综合运用了包括基于DEA的Malmquist -Luenberger指数测算、

Dagum 基尼系数测算、动态空间杜宾模型估计、空间面板联立方程估计、动态面板门槛估计等在内的诸多科学前沿研究方法，更好地考察了经济社会转型因素对地区环境治理的影响。第三，研究内容上。基于中国 30 个省（区、市）200 多个城市的面板数据进行系统考察，在一定程度上弥补了现有研究测度客观性和全面性的不足；梳理了众多经济社会转型因素对地区环境治理的渠道差异效应、空间关联效应、动态门槛效应、制度约束效应等影响机制，有力拓展了现有研究。

关键词：经济社会转型；地方政府；环境污染；环境治理

1 导 言

党的十九大报告明确指出，“中国特色社会主义进入新时代，我国社会主要矛盾已经转化为人民日益增长的美好生活需要和不平衡不充分的发展之间的矛盾”；在社会主义新时代建设和经济社会转型中的一些突出问题仍然有待解决：社会需求结构调整、产业转型升级的步伐仍需加快，反腐败斗争形势依然严峻复杂，全面对外开放的体制机制仍需完善，社会公众参与社会治理的呼声不断提高，地方政府之间的经济竞争越发激烈，全面提升雾霾污染治理能力和成效仍需坚持。《中共中央关于坚持和完善中国特色社会主义制度、推进国家治理体系和治理能力现代化若干重大问题的决定》明确指出，“生态文明建设是关系中华民族永续发展的千年大计，必须践行绿水青山就是金山银山的理念，坚持和完善生态文明制度体系，促进人与自然和谐共生”。因此，在全面建设小康社会和“污染治理攻坚战”进入决胜阶段的背景之下，研究经济社会转型与地区环境治理具有重要意义。

1.1 研究背景

1.1.1 地区环境治理形势的严峻性

近年来，党和国家对生态环保问题的重视程度达到了空前高度，“污染治理力度之大、制度出台频度之密、监管执法尺度之严前所未有”①。党的十八大将生态文明纳入“五位一体”的总布局，提出建设美丽中国的目标，并以解决生态环境领域突出问题为导向，以治理效果为唯一目标；同时，提出了中国发展要坚持“绿水青山就是金山银山”的“两山论”。党的十九大提出，积极推进生态文明建设，坚持节约优先、保护优先、自然恢复为主的方针，加强环境保护，促进生态文明建设。

但是，当前中国环境治理态势依然严峻。国家生态环境部发布的《2017 年中国生态环境状况公报》显示，2017 年，在全国 338 个地级及以上城市中，只有 99 个城市年平均空气质量达到标准，占比仅为 29.3%；全国 338 个地级及以上城市 PM2.5 平均浓度为 44μg/m^3，是世界卫生组织推荐的空气质量标准的 4 倍以上，空气质量达到国家标准的城市占比也仅为 27.2%；全国 31 个省（区、市）223 个地（市）的 5100 个地下水监测点检测结果显示，水质为良好以上的占比仅为 31.9%；全国 109 个监测营养状态的重要湖泊（水库）中，仅有 9 个处于贫营养状态。2016 年 12 月，中国持续大范围雾霾的影响范围已经波及 17 个省（区、市），面积高达 142 万平方公里；由美国耶鲁大学、哥伦比亚大学联合世界经济论坛发布的“全球环境绩效指数（Environmental Performance Index，EPI）评估报告”也显示，2018 年中国 EPI 总得分为 50.74，在参与排名的 180 个国家和地区中位居第 120 位。中国一系列的环境状况指标和环保现实事件显示，“中国环境承载能力已经达到或接近上限”②，加强地区环境治理刻不容缓。

1.1.2 经济社会转型与环境治理

长期以来，投资、出口和消费“三驾马车”是中国经济持续快速发展的重要推动力量。但近年来，伴随国际性金融危机之后全球性的需求下

① 习近平总书记在 2018 年全国生态环境保护大会上的讲话。
② 习近平总书记在 2014 年 12 月 11 日中央经济工作会议上的重要讲话。

滑和贸易保护主义的盛行，对外贸易对经济增长的拉动作用明显下降；同时，伴随过剩产能调整和地方财政投资的收紧，投资对经济的拉动作用也有所下滑。此时，随着国内中产阶层的壮大和国内市场的升级，国内消费对新时代经济发展的稳定作用日益凸显。国内外长期的研究发现，中国当前环境问题产生的重要原因是国内产业结构不尽合理和生产模式粗放。而在社会主义新时代，需求结构的调整升级也伴随着产业结构升级和生产模式的转型，这必然会对地区环境治理的对象和模式产生重要的影响。

党的十八大以来，我国在反腐败方面取得了优异的成绩，政府清廉度显著提升。中纪委统计数据显示[①]，截至 2017 年 6 月底，全国共立案审查中管干部 280 多人、厅局级干部 8600 多人、县处级干部 6.6 万人；全国共处置腐败问题线索 236.2 万件，立案 141.8 万件，处分 140.9 万人，移送司法机关依法处理 5.4 万人。但是，正如十九大报告所指出的，未来我国“反腐败斗争形势依然严峻复杂，巩固压倒性态势、夺取压倒性胜利的决心必须坚如磐石”。近年来，中国环保领域的腐败问题日益凸显，“环境保护已经成为腐败现象易发多发领域”[②]。中纪委统计数据显示，2013 年全国环境监管、污染治理、生态修复工程建设等环保领域共查办职务犯罪高达 1290 人。国家审计署对 2011—2012 年 18 个省（区）节能环保项目的审计结果显示，348 个项目挤占挪用、虚报冒领资金 16.17 亿元。以中央重点查处的陕西省秦岭违建别墅破环生态环境案为例，仅 2014 年 8 月到 2016 年 3 月，西安市就有 137 名干部涉案被追责，其中县处级以上 56 人、厅局级干部 3 人。因此，政府清廉度（腐败问题）仍然是地区环境治理能力持续提升的重要制约因素。

---

① 坚决打赢反腐败这场正义之战（砥砺奋进的五年）——党的十八大以来反腐败斗争成就述评 [N]. 人民日报，2017-09-18.

② 胡锦涛同志在中央纪委十七届五次全会上的讲话。

改革开放以来，中国实际利用外商直接投资（Foreign Direct Investment，FDI）水平不断提高。1984 年中国实际利用外资额仅为 12.58 亿美元，而 2018 年全国实际利用外资金额高达 1383 亿美元，连续 20 多年成为发展中国家吸收利用 FDI 最多的国家。但是，在 FDI 通过资本、技术等多种渠道为中国经济发展提供动力的同时，中国面临的环境污染压力却不断增加。根据“污染避难所”假说，发达国家的对外投资是为了规避本国严格的环境管制而将污染强度较高的行业向发展中国家转移的过程。那么，中国迅速增长的 FDI 是否带来了环境污染的增加？十九大报告明确提出，“实行高水平的贸易和投资自由化便利化政策，全面实行准入前国民待遇加负面清单管理制度，大幅度放宽市场准入，扩大服务业对外开放，保护外商投资合法权益”，在中国推动形成全面开放格局的背景下，考虑外商直接投资对地区环境治理的影响也尤为必要。

由于环境污染存在显著负外部性，公众是环境污染问题的直接受害者。而伴随着环境问题的日益突出，以及社会公众对环境问题认知水平的提升，公众参与地区环境治理已经成为一种趋势。中央政府也积极通过立法举措支持公众参与环境治理。例如，1996 年通过的《国务院关于环境保护若干问题的决定》就明确提出，“建立公众参与机制，发挥社会团体的作用，鼓励公众参与环境保护工作”；2003 年实施的《环境评价法》首次以立法形式明确了公众参与环境评价的权利；2014 年修订的《中华人民共和国环境保护法》则专设章节“信息公开和公众参与”，明确了公众参与环境保护的各种权利和义务，鼓励支持公众参与环境保护；2015 年环保部通过了《环境保护公众参与办法》，对公众参与环境保护的原则、方式和政府部门支持公众参与环保的具体义务等做出了明确规定。

伴随着财政包干、分税制等中央—地方关系的财税制度改革，地方政府为了获取更多的财政剩余权、地方官员层级晋升的经济增长绩效，在地区间展开了激烈的经济“锦标赛式”竞争，这被认为是中国经济持续快速发展的重要动力。而在地方政府之间“锦标赛式”的经济竞争中，地方税收政策、产业结构调整通常会被作为有效的竞争手段来引导资源的跨地区流动，地方税收政策、产业结构调整则会通过地方政府环境治理的“逐底竞争”对地区绿色发展产生显著压力；另外，在当前环保态势十分严峻，中央对地方环保督察日渐加强的态势下，地区绿色发展水平的下降则会倒逼地方政府进行产业结构的调整，以适应“绿色、低碳、集约”发展的新理念。因此，地方政府之间税收竞争、产业结构调整与地方政府环境治理成效关系密切。

党的十九大报告明确提出，“建设生态文明是中华民族永续发展的千年大计，必须树立和践行绿水青山就是金山银山的理念”，而各地在贯彻绿色发展理念的过程中，雾霾污染成为中国绿色发展面临的重要挑战。《中国生态环境状况公报》显示，2018 年，全国 338 个地级及以上城市 PM2.5 平均浓度 39.5μg/m^3，其中环境空气质量未达标的城市占比 64.3%；全国生态环境保护大会上，习近平总书记特别强调，“把解决突出生态环境问题作为民生优先领域，坚决打赢蓝天保卫战是重中之重，以空气质量明显改善为刚性要求，基本消除重污染天气”。中央政府对雾霾治理问题高度重视，但是由于雾霾治理的公共产品属性和中央—地方环保信息的不对称问题的存在，地方政府在雾霾治理中仍处于核心地位。2018 年出台的《国务院关于印发打赢蓝天保卫战三年行动计划的通知》也明确指出，“地方各级政府要把打赢蓝天保卫战放在重要位置，主要领导是本行政区域第一责任人”，地方政府的环境治理成效对于打赢蓝天保卫战至关重要。因此，地方政府环境治理能否有效控制雾霾污染，是地方政府环境治理水平的重要体现。

1.2 研究意义

本书的研究意义如下：

第一，对于国家治理体系现代化的重要意义。党的十九届四中全会指出，“坚持和完善生态文明制度体系，促进人与自然和谐共生，生态文明建设和生态环境保护是最需要坚持与落实的制度、最需要建立与完善的制度”。本书全面考察地方政府环境治理能力提升的现实路径，对于生态环境治理体系和治理能力现代化建设具有重要意义。党的十九届四中全会也明确指出，“坚持和完善党的领导制度体系，提高党科学执政、民主执政、依法执政水平”。本书综合选用各省（区、市）的腐败案件数和地（市）审计违规查处金额等相对客观的政府清廉度（腐败）评价指标，利用多种前沿计量方法，较为系统地分析了政府清廉度（用腐败问题表示）对地方政府环境治理的影响路径和作用机制，提出了抑制环保腐败、提升地方政府环境治理能力的政策思路，对于提升中国共产党的执政能力具有现实意义。

第二，对于绿色发展的现实意义。党的十九大报告明确提出“加快建立绿色生产和消费的法律制度和政策导向，建立健全绿色低碳循环发展的经济体系”，利用中国30个省（区、市）的面板数据，分别考察了需求结构调整对地方政府环境治理、产业结构调整等因素对地区绿色发展的影响。对建立中国绿色经济发展体系具有重要现实意义。习近平总书记在全国生态环境保护大会上强调，“坚决打赢蓝天保卫战是重中之重，要以空气质量明显改善为刚性要求，强化联防联控，基本消除重污染天气”。本书考察了政府环境治理对雾霾污染的控制效果，对于打赢“污染防治攻坚战”具有现实意义。《中华人民共和国环境保护法》明确规定，“各级人民政府环境保护主管部门和其他负有环境保护监督管理职责的部门，应当依法公开环境信息、完善公众参与程序，为公民、法人和其他组织参与和监督环境保护提供便利”。本书研究了不同类型环保公众参与对于地方政府环境治理的影响，对于构建系统的绿色发展保障体系具有重要意义。

第三，对于全面深化改革的重要意义。党的十九大报告明确提出“实行高水平的贸易和投资自由化便利化政策，全面实行准入前国民待遇加负面清单管理制度，大幅度放宽市场准入，保护外商投资合法权益”。本书重点考察了外商直接投资对国内环境污染、政府环境治理的影响，对于深化外商直接投资制度改革，打造全面开放局面具有重要意义。党的十九届四中全会指出，“优化政府间事权和财权划分，建立权责清晰、财力协调、区域均衡的中央和地方财政关系，形成稳定的各级政府事权、支出责任和财力相适应的制度”。本书较为系统地考察了地方政府之间税收竞争、财政分权等制度因素对环境污染和政府环境治理的影响，提出了优化中央—地方财税制度和地方政府考核体系的政策建议，对于财税制度改革、完善发挥中央和地方体制机制具有重要意义。

1.3 研究内容

本书的研究内容主要由以下八章构成：

第 1 章为导言。本章首先说明了本书选题背景和研究意义。21 世纪以来，党和政府对环境保护问题的重视程度不断提升，一系列环保政策举措持续出台。但是，中国整体的环境污染形势依然比较严峻，地方政府环境治理压力仍然较大。另外，经济社会转型中部分问题依然突出，对环境污染和地方政府环境治理产生重要影响。其次，从国家治理体系现代化、绿色发展和全面深化改革三个方面，阐述了本书的研究意义。再次，结合本书各章节的研究内容，简要介绍了各章的研究内容和结论。最后，对本书主要研究方法进行了说明。

第2章是中国环境污染与环境治理态势。本章从全国和地区两个层面，分别对2000—2016年全国范围内环境污染和地方政府的环境治理发展与变化态势进行客观测度和分析。环境污染的态势方面，2006年之后中国主要污染物排放增速开始放缓，但整体规模仍然较大，2015年之后污染物排放量有显著下降；而且，主要污染物排放呈现中东部高、西部较低的分布态势。环境治理方面，除个别年份外，全国范围内政府环保财政支出、环保立法和环保执法力度持续加强；但是，地区分布存在较大差异，东部、中部和西部地区分别在环保执法、环保立法、环保投资三个方面占比居于领先地位。

第3章是需求结构调整与地区环境治理。本章基于中国区域需求结构的现实情况和地方政府环境污染治理领域的理论现实进行研究，提出不同区域需求结构对于地方政府环境污染治理影响差异的理论假说。同时，利用中国2000—2016年30个省（区、市）的面板数据，实证考察了需求结构调整对地方政府环境治理的影响。研究表明，需求结构越合理、需求结构越高级、经济发展水平越高，对环境治理技术效率和环境治理动态绩效越具有显著的正向作用；需求结构合理化集群越高、需求结构高级化集群越高，对环境治理技术效率越具有显著的正向作用，而经济集聚对环境治理技术效率和环境治理动态绩效产生显著的负向作用。

第4章是政府清廉度对地方政府环境治理的影响。本章基于环境经济学、制度经济学相关领域理论研究和中国国情，提出了政府清廉度（腐败）对地方政府环境治理影响空间关联效应、门槛效应理论假说。同时，利用中国2003—2015年30个省（区、市）和2007—2015年217个地（市）层面的数据，采用动态空间杜宾模型和动态面板门槛估计方法，对相关假说进行了实证检验。研究发现，本地腐败问题和邻近地区腐败问题恶化对本地政府环境治理确实存在负面影响。同时，腐败对地方政府环境治理的影响存在人均收入和人力资本门槛效应，当地区人均收入水平或人力资本水平比较低时，腐败对地方政府环境治理的负面影响会比较显著；而当地区人均收入和人力资本较高时，腐败对地方政府环境治理的负面影响将有所弱化或控制。

第5章是地区差异、外资来源与FDI环境规制效应。本章基于外商直接投资、环境经济学领域的相关理论现实研究以及中国各地区经济社会发展的现实，提出外商直接投资（FDI）对地区环境规制的腐败门槛、人力资本门槛效应和外资渠道差异等理论假说。同时，利用中国1995—2010年29个省（区、市）和2003—2013年203个城市数据，实证考察了FDI对地区环境规制的影响。研究表明，FDI对中国环境规制存在显著的腐败门槛、人力资本门槛效应：当地区腐败程度较低或者人力资本水平较高时，FDI有利于地区环境规制提升；反之则反是。通过对不同来源FDI影响的比较研究表明，港澳台地区FDI对地区环境规制具有负面影响，其他地区FDI则有正面影响。对研究期内各地区腐败程度、人力资本水平的分析表明，FDI对中国多数地区环境规制具有积极影响；对研究期内外资来源变化的分析则表明，伴随港澳台外资占比的提升，FDI对环境规制的负面影响逐步增强。

第6章是公众参与对地方政府环境治理的影响。本章基于中国环保公众参与的现实情况和地方政府环境治理领域的理论现实研究，提出了不同渠道环保公众参与对于不同类型地方政府环境治理影响差异的理论假说。同时，利用2003—2013年中国30个省（区）的面板数据，实证考察了公众参与对地方政府环境治理的影响。研究表明，环保组织、人大和政协环保提案对政府环境立法产生了显著积极影响，而环保信访、网络环保舆论对环境立法的积极影响并不显著；环保信访、环保组织、人大和政协环保提案都会对政府环境执法产生显著积极影响，但网络环保舆论对环境执法的积极影响不显著；网络环保舆论、人大和政协环保提案会对政府环境治理投资产生显著积极影响，但环保信访、环保组织对政府环境治理投资的积极效应不甚显著。

第7章是税收竞争、产业结构调整与地区绿色发展。本章基于地方政府经济竞争领域的理论研究和现实国情，提出地方政府财税竞争、产业结构调整政策通过空间关联对当地绿色发展的直接影响和间接影响的理论假说。同时，利用中国2000—2014年的省际面板数据，以能够反映区域经济发展和生态环境状况的“生态效率”衡量区域绿色发展，运用Dagum基尼系数测算中国区域绿色发展的地区差异，利用空间面板联立方程估计，本章较为系统地考察了地方政府税收竞争、产业结构调整对中国区域绿色发展的影响机制和效果。区域绿色水平和差距测算分析发现，研究期内中国省域绿色发展水平有所提高，呈现“东高西低，逐渐扩散”的非均衡状态，但区域绿色发展空间分布差距有所扩大，且地区间差距是导致中国区域绿色发展差异的主要原因。地方政府税收竞争、产业结构调整对绿色发展的影响分析发现，本地政府税收竞争、产业结构的工业化将直接对本地绿色发展产生负面影响；邻近地区的税收竞争、工业化发展对本地绿色发展影响方面，两者都将通过“逐底竞争”的负向激励抑制本地绿色发展。

第8章是地方政府环境治理如何有效降低雾霾污染。本章基于地方政府环保治理不同渠道的理论研究和各地区雾霾污染的现实情况，提出了地方政府环境治理对雾霾污染的渠道差异，空间关联效应和门槛效应的理论假说。同时，利用中国2003—2016年30个省（区、市）和2007—2016年217个地（市）层面的数据，采用动态空间杜宾模型和动态面板门槛估计方法，对相关假说进行了实证检验。研究发现，地方政府环境治理对雾霾污染的控制成效存在显著的渠道差异，也存在比较显著的空间关联效应和科技水平、城镇化门槛效应。本地政府和周边政府环境治理行为的加强都有助于当地政府对雾霾污染的控制，但是环保立法通过空间溢出效应对本地政府雾霾治理有一定的抑制作用。此外，当科技水平和城镇化水平较低时，地方政府环境治理对雾霾的抑制效果不甚显著；反之则反是。

1.4 研究方法

本书的研究方法如下：

第一，理论机制分析。本书利用现有环境治理的环境库兹涅茨曲线分析框架、环境政策形成模型等理论框架，结合中国各地区经济社会发展、政府环境治理的历史和现实，梳理总结政府清廉度对地方政府环境治理的渠道差异、空间关联和门槛效应的作用机理。同时，根据环境治理“逐底竞争”、政府“经济锦标赛”、外资“污染天堂”和环境外部性等相关理论，较为系统地梳理地区外商直接投资、公众环保参与、地区财税竞争对地方政府环境治理或绿色发展的空间溢出效应、门槛效应和渠道差异等。

第二，文献梳理分析。本书较为系统地考察了经济社会转型中诸多因素对地区环境治理的影响，文献梳理也比较全面系统。基于经济结构与环境治理的脉络，梳理了需求结构与环境治理的研究文献；从政府环境治理、腐败对环境污染的影响两个层面，梳理腐败对环境治理的研究；本书从 FDI 对环境污染和环境规制的影响、环保公众参与活动本身以及环保公众参与对政府环境治理的影响、税收竞争与绿色发展的关系以及产业结构与绿色发展的关系、经济—社会—政策—技术等因素对雾霾污染等，以不同视角对现有研究文献进行了细致梳理，较为系统地总结了 FDI、公众参与、财税竞争与产业结构等因素对政府环境治理以及政府雾霾治理领域的主要贡献和不足。

第三，计量分析方法。本书采用了较多的计量分析方法，主要有：运用空间面板分位数计量模型实证检验需求结构变动对环境污染治理的直接影响效应和间接效应；运用动态面板门槛计量估计模型和动态面板空间计量估计，系统考察了政府清廉度对政府环境治理、政府环境治理对雾霾控制的影响；运用面板联立方程和动态面板空间联立方程估计方法，较为系统地考察了地区税收竞争、产业结构调整对当地和周边地区绿色发展的影响；运用 Cross-section 加权的广义最小二乘估计方法，较为系统地考察了公众参与环保对地方政府环境治理的影响差异。

第四，统计比较分析。本书较为系统地比较和分析了中国各地区环境污染和环境治理的发展态势，为后面章节展开和现实理解提供了研究基础；同时，也较为系统地比较分析了中国环保公众参与、需求结构调整等重要问题的时期变化态势；而且，运用基于 DEA 的 Malmquist -Luenberger 指数，测算并比较了各地区绿色发展水平，并运用 Dagum 基尼系数测算比较了中国需求结构调整、区域绿色发展差距的地区分布和差异。

2 中国环境污染与环境治理态势

本研究的主旨在于，系统而深入地考察经济社会转型因素对于地区环境治理影响效应。但是，由于近年来中国环境污染和地区环境治理发生了较大变化，且各地区的环境污染和环境治理态势也存在较大差异，在对相关因素的影响效应进行理论和实证分析之前，有必要对研究期内全国和各地区的环境污染和环境治理态势进行系统考察，从而为相关研究提供现实分析依据。

2.1 环境污染态势

改革开放以来，我国经济水平和综合国力都得到了很大的提升，经济水平也跃居世界前列，但是高强度经济社会发展对自然环境和社会环境有较大程度的破坏。因此，伴随着近年来我国经济发展进入新常态、社会主义建设进入新时代，环境保护就成为经济发展的重要前提。党的十八大将生态文明纳入“五位一体”的总布局，以建设美丽中国为目标，以解决生态环境领域突出问题为导向，治理效果成为唯一目标，同时也坚持“绿水青山就是金山银山”的“两山”论。党的十九大积极推进生态文明建设，坚持节约优先、保护优先、自然恢复为主的方针，加强环境保护，促进生态文明建设。其中，国家的环境保护事业可以体现在对大气污染、水污染、土壤污染等的治理上。

2.1.1 全国层面环境污染态势

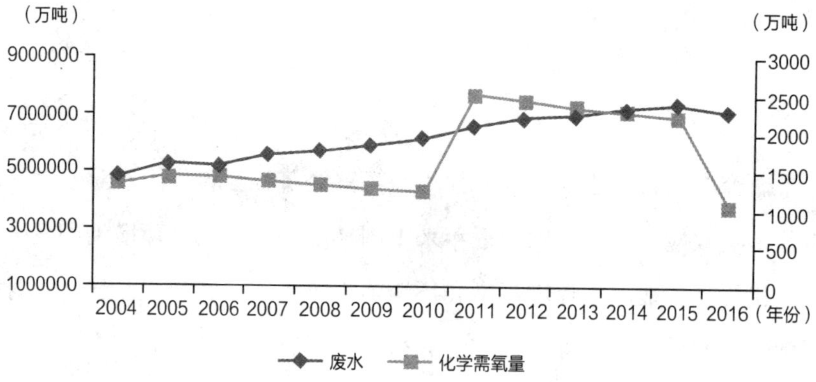

图 2–1 废水、化学需氧量排放量的变化（2004—2016 年）[①]

图 2–1 显示了在研究期内废水、化学需氧量排放量即水体污染的变化情况。从数量变化上来看，研究期内废水的排放总量呈现持续增长的态势，但是在 2006 年以前，废水排放量的增长幅度不大，在 2006 年以后废水排放量的增速开始逐步加快，直到 2015 年才出现了下降的态势。水体污染指标方面，化学需氧量排放量的变化则是在 2010 年之前表现得比较平稳，只有小幅度的下降；2011 年急剧上升，2015 年迅速下降，在这四年中化学需氧量排放量的变化很小。根据以上分析可以发现，废水排放量和化学需氧量排放量都在 2015 年呈现下降的态势，这一现象可能与这一时期国家加强环境治理力度，出台了一系列环保政策有关。以上分析

① 数据源自国家统计局统计网站，本节其他图表污染排放数据来源与此相同。

表明，水体污染程度在近几年都处于较高的水平，虽然2015年有所下降，但是整体上水体污染的程度还是比较严重的，仍然需要加强对水体环境的治理。

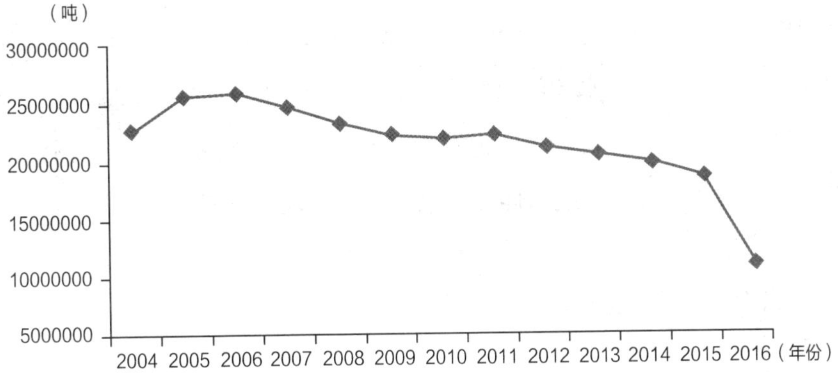

图2-2　二氧化硫排放量的变化（2004—2016年）

图2-2反映的是2004—2016年二氧化硫排放量的变化情况，在此以二氧化硫的变化为代表来反映大气的污染现状。从整体上来看，研究期内二氧化硫的排放量呈现持续下降的态势。但是局部来看，2004—2006年，二氧化硫排放量略有上升，在2007年之后二氧化硫排放量才开始逐步下降，并且在2015年出现较为快速的下降，二氧化硫的排放量与2007年二氧化硫排放量峰值相比减少了1.5倍左右。更有一些研究表明，在过去的十年间，中国的二氧化硫排放量减少约75%，这受益于我国强制推行工业废气治理政策。这一快速下降的时期与上述废水、化学需氧量的下降时间几乎一致，原因都是国家在这一时期开始加强环境治理力度，相关的政策发生了变化。虽然二氧化硫的排放量在近几年有所改善，但是与建设美丽中国这一目标仍有一定距离，大气污染状况仍然是不容乐观的，因此，在

对环境污染的治理上要继续努力。

通过以上对国家层面的水体和大气污染状况的分析可以发现，在 2015 年国家出台相关的生态保护政策之前，我国的环境污染治理一直呈现较为严峻的态势。其中在水体污染方面，废水排放量一直处于逐年增长的态势，化学需氧量的排放量虽然不是持续增长，但也没有太大的改善。在大气污染方面，通过上述对二氧化硫排放量的分析可以看出，在研究期内，大气污染状况相对于水体污染状况而言处于下降的态势，虽然二氧化硫的排放量近几年下降幅度较大，但是由于我国的污染排放基数大，污染治理仍面临严峻的形势，因此水体和大气的污染治理仍不能松懈。

2.1.2 地区层面环境污染态势

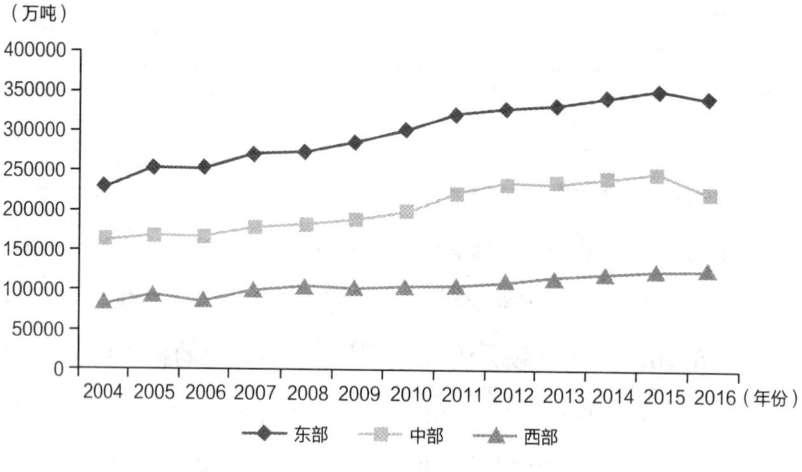

图 2–3 东、中、西部地区废水排放量的变化（2004—2016 年）

图 2–3 显示了研究期内中国东、中、西部地区废水排放量的变化。由图 2–3 可知，从绝对数量上来看，三大地区的废水排放总量呈现显著的阶梯式分布，其中东部最高、中部次之、西部最低，并且可以发现中部和西

部之间的差距逐渐扩大，这与三大地区的腐败案件数以及经济的发展呈现高度相关性。从数量变化上看，研究期内三大地区的废水排放总量呈现持续增长的态势，但在2008年之前，中、西部地区的增长幅度小，东部地区的增速则高于中、西部；2008年之后各地区的增速开始逐步加快，但是从增速来看，东部地区最快，中部地区次之，西部地区相对较慢；其中，东、中部地区在2015年后都开始呈现下降的趋势，这和国家层面的分析趋势相一致，主要是与政府政策的变化有关。虽然三大地区的整体趋势大致相同，但是发现三大地区之间的污染状况存在很大的差异，东部的污染最严重，中部次之，西部相对来说最轻，这与三大地区之间的发展模式以及发展程度紧密相关。因此，各大地区应该结合自身的发展状况，加大对水体污染的治理力度。

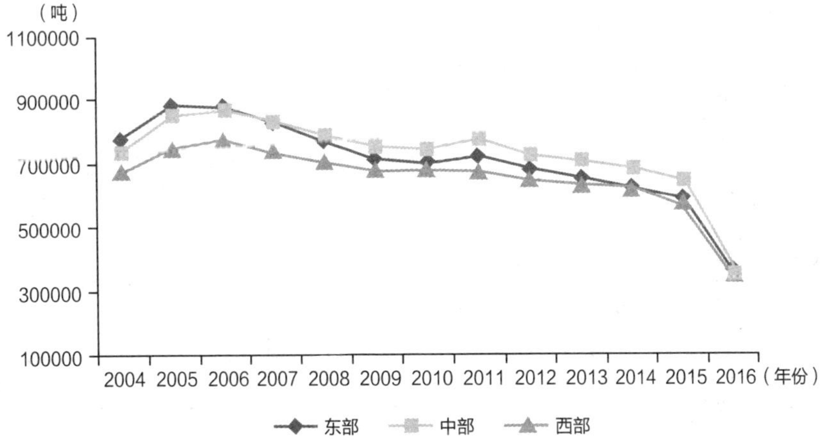

图 2-4　东、中、西部地区二氧化硫排放量的变化（2004—2016年）

图2-4显示了研究期内中国东、中、西部地区二氧化硫排放量的变化。整体来看，除个别年份出现异常的增加外，研究期内三大地区单位产值的二氧化硫排放量在整体上均呈现下降的趋势，这表明在研究期内中国二氧

化硫呈现低排放的发展倾向。具体来说，中部的二氧化硫总排放量略高于东部，而西部最低，但是三者总量之间的差距逐渐缩小。具体由东部先上升到 2005 年的最大排放量 879272.7 吨而后降至 2016 年的 364376.5 吨；而中部在 2004 年迅速上升后又开始继续下降至 2016 年的 352147.2 吨；西部地区在 2004 年大幅上升后，持续下降，具体由 2005 年的最大值 747416.7 吨降至 2016 年的 350277 吨。可以看出，三大地区的二氧化硫排放量都是在 2015 年开始急剧的下降，这一趋势与前面分析的国家层面的趋势一致，原因也是与国家的政策相关。此外，经过研究期内的变化，三大地区的二氧化硫排放量变化由东部、中部、西部先上升后下降的格局，转变为中部、东部、西部依次递减的格局，这表明，三大地区之间的二氧化硫排放量虽然在缩小，但是仍存在一定的差异，中部和东部地区的二氧化硫减排的任务仍然艰巨，必须继续深入贯彻政府推行的工业废气治理政策。

表 2–1　省级地区废水、二氧化硫排放量变化

地区	废水排放量（亿吨）				二氧化硫排放量（万吨）			
	2007 年	2010 年	2013 年	2016 年	2007 年	2010 年	2013 年	2016 年
北京	10.78	13.64	14.46	16.64	15.17	11.51	8.70	3.32
天津	5.69	6.82	8.42	9.15	24.47	23.52	21.68	7.06
河北	22.29	26.25	31.09	28.88	149.25	123.38	128.47	78.94
辽宁	22.10	21.82	23.45	22.82	123.38	102.22	102.70	50.77
上海	22.66	24.83	22.30	22.08	49.78	35.81	21.58	7.42
江苏	50.56	55.55	59.44	61.66	121.81	105.05	94.17	57.01
浙江	33.81	39.48	41.91	43.09	79.70	67.83	59.34	26.84
福建	22.70	23.85	25.91	23.70	44.57	40.91	36.10	18.93
山东	33.43	43.64	49.46	50.76	182.21	153.78	164.50	113.45
广东	69.09	72.30	86.25	93.83	120.30	105.05	76.19	35.37

续表

地区	废水排放量（亿吨）				二氧化硫排放量（万吨）			
	2007 年	2010 年	2013 年	2016 年	2007 年	2010 年	2013 年	2016 年
海南	3.52	3.67	3.62	4.41	2.56	2.88	3.24	1.70
河南	29.65	35.87	41.26	40.21	156.39	133.87	125.40	41.36
湖北	24.66	27.08	29.41	27.48	70.76	63.26	59.94	28.56
湖南	25.21	26.81	30.72	29.88	90.43	80.13	64.13	34.68
江西	14.13	16.07	20.71	22.11	62.10	55.71	55.77	27.69
安徽	17.53	18.47	26.62	24.07	57.17	53.21	50.13	28.16
吉林	9.79	11.44	11.77	9.71	39.90	35.63	38.15	18.81
黑龙江	10.90	11.86	15.31	13.83	51.54	49.02	48.91	33.82
山西	10.46	11.83	13.80	13.93	138.67	124.92	125.54	68.64
重庆	13.42	12.81	14.25	20.21	82.62	71.94	54.77	28.83
四川	25.30	25.61	30.76	35.28	117.87	113.10	81.67	48.83
贵州	5.51	6.08	9.31	10.07	137.51	114.88	98.64	64.71
云南	8.38	9.20	15.66	18.11	53.37	50.07	66.31	52.62
陕西	9.93	11.57	13.22	16.66	92.72	77.86	80.62	31.80
甘肃	4.43	5.12	6.50	6.63	52.32	55.18	56.20	27.20
青海	1.99	2.26	2.20	2.73	13.39	14.34	15.67	11.37
宁夏	3.72	4.07	3.85	3.39	36.98	31.08	38.97	23.69
新疆	6.86	8.37	10.07	9.39	57.99	58.85	82.94	48.07
广西	31.98	31.26	22.53	19.32	97.38	90.38	47.20	20.11
内蒙古	6.04	9.25	10.69	10.47	145.58	139.41	135.87	62.57
西藏	0.33	0.38	0.50	0.61	0.19	0.39	0.42	0.54

表 2–1 显示了研究期内 31 个省（区、市）废水、二氧化硫排放量的变化。在废水排放量方面，除广西、宁夏、吉林外，研究期内所有地区的废水排放量均有所增长；增长幅度较大的前几个省份为云南、陕西、北

京，增长幅度较大的地区主要是西部地区，这说明西部地区在废水污染治理方面仍然存在不足，需要相关部门加大对环境污染的治理力度。在二氧化硫排放量方面，除西藏外，其他省份的二氧化硫排放量均在持续的大幅下降。而二氧化硫排放量增长以及下降幅度较小的主要是西部地区，这说明西部地区在水体污染治理方面次于东部和中部。根据以上对以废水和二氧化硫为代表所进行的污染状况分析，可以得出，三大地区之间的环境污染状况存在很大的差异，东部地区在环境保护方面做得比中、西部地区好，相反，对中、西部这些经济不太发达，但资源比较丰富而又处于快速发展阶段的地区来说，环境污染比较严重。可见，落后地区在推动其经济发展的过程中，政府的环境保护政策显得更重要。

2.2 环境治理态势

2.2.1 全国层面环境治理态势

政府可以通过多种渠道治理环境，政府环保财政支出可以直接对环保项目进行资金支持或者进行环保补贴等来引导市场主体进行环境治理；政府的环保立法可以更加规范市场主体和整个社会公众的环境行为，并对环境改善产生积极影响；政府的环保案件查处，可以从负面激励的角度提升地方环境质量。

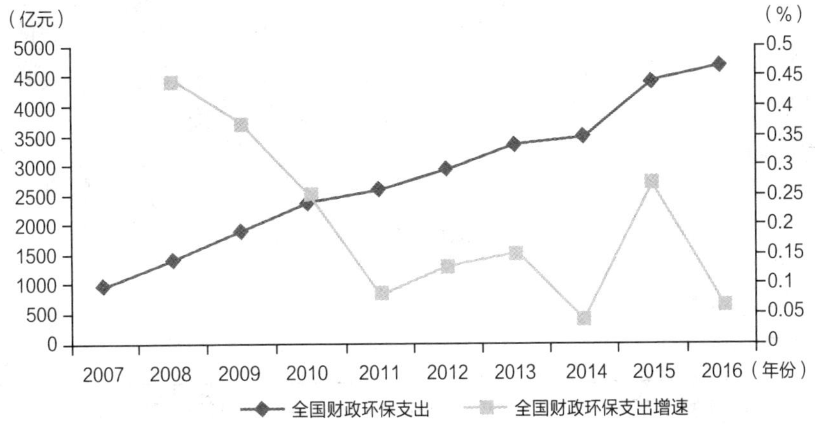

图 2-5 全国环保财政支出的变化(2007—2016 年)[①]

图 2-5 和图 2-6 所示的是在研究期内全国环保财政支出总和、全国环保执法案件总数和环保立法总数的变化情况。从总量上来看,一方面,全国环保财政支出总额在研究期内呈现持续上升趋势;另一方面,全国的环保立法总数除了个别年份是下降的,在 2013 年之前整体呈上升的趋势,而在 2013 年之后全国环保立法总数开始迅速下降,直到 2016 年才有所上升;全国环保执法案件总数的总量变化没有前两个指标规律,而是呈现较大的上下波动,但是总体上还是略有上升。从变化的速度来看,全国环保财政支出在 2011 年之前增长速度一直是下降的,在 2011 年之后则呈现连续的先上升后下降的态势,尤其是近几年财政环保支出的增速又开始呈下降的态势;全国环保立法总数在 2013 年前除了个别年份下降外,都是以递增的速度上升,而在 2013 年后下降的速度非常快。通过对以上三个指标的分析,可以看出在全国范围内对环境保护的力度存在着下降的态势,这就要求国家重视生态环境的治理。

① 数据源自国家统计局网站,本节中图 2-10、图 2-11 和表 2-3 来源与此相同。

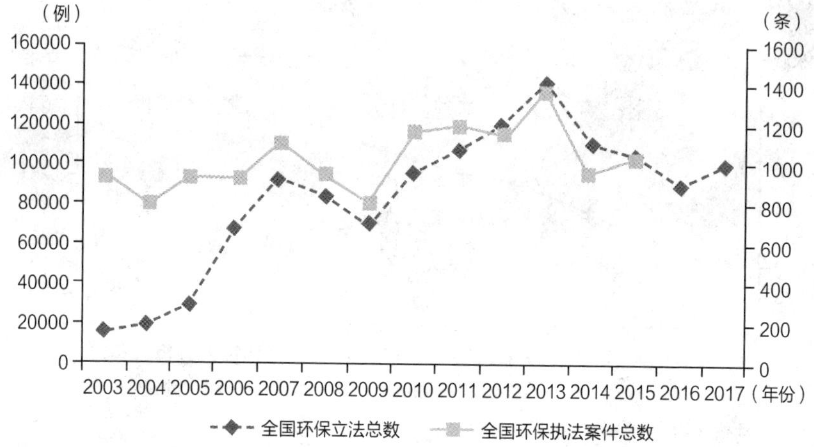

图 2–6　全国环保执法案件、环保立法总数的变化（2003—2017 年）[①]

2.2.2　地区层面环境治理态势

图 2–7 显示了在研究期内东、中、西部地区单位人员环保执法案件数的变化情况。从整体绝对数值来看，在 2002 年之前，东、中、西部地区的单位人员执法案件数表现为东部最高、中部次之、西部最低；并且在这期间，三个地区依次呈现递增的态势，中部地区的增长幅度最大，主要是因为在 2002 年中部地区黑龙江的执法案件数是 2001 年的 4 倍，达到了 15000 多例，东西部地区的增长幅度则相对比较平缓。2002 年之后，整体上三个地区的绝对值，除了个别年份中部高于西部外，呈现的态势依然是东部最高，西部超越了中部，中部最低；具体来看，东部地区的执法案

① 各地区政府环境执法案例数、单位工作人员的环保执法均源自《中国环境年鉴》《中国环境统计年鉴》，本节中图 2–7、图 2–8、表 2–2 来源于此相同 ；而各地区环保立法数量，来自于法律之星数据库中搜索每年各地区出台的环境保护法规文件数来衡量，本节中图 2–9 来源与此相同。

件数在研究期内一直处于最高位置，虽然研究期内的波动幅度很大，但是2015年的单位人员执法案件数相对于2002年来说仍然是上升的；中部地区的单位人员执法案件数在研究期内除了2002年的大幅度上升和2011年略有上升外，都是持续下降的态势；而西部地区在研究期内则是呈现出先上升后下降，最后趋于平稳的态势。由此可以得出，三大地区的执法力度一直都存在着较大的差异，这与各个地区的政策法规紧密相关。

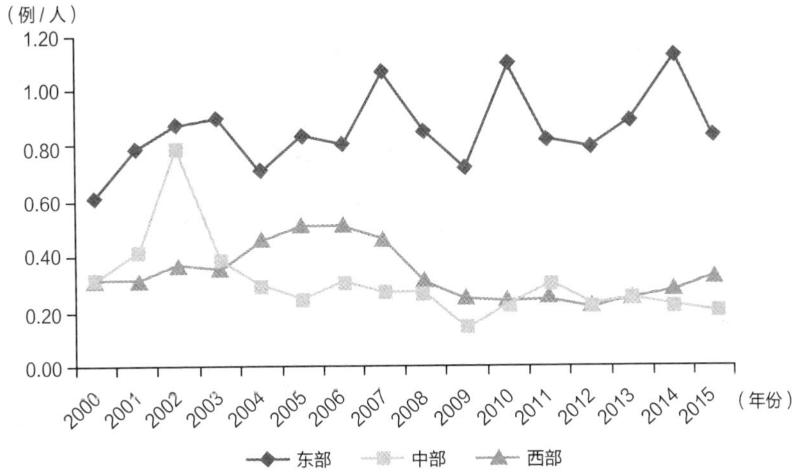

图 2-7　东、中、西部地区单位人员环保执法案件数的变化（2000—2015年）

图2-8显示的是研究期内东、中、西部地区环保执法案件总数的变化情况。由图2-8可知，除个别年份，从绝对数量上来看，东、中、西部地区呈现阶梯式分布，其中东部地区最高，中部地区次之，西部地区最低，但除了个别年份外，中部地区与西部地区的总量差距明显缩小，这与三大地区的经济社会发展态势、腐败案件数量的发展态势呈现高度的相关性。从数量变化上看，东部地区的数量变化幅度非常大，在总体上还是有上升的趋势；中部地区是在2002年和2011年数量出现了大幅度的增长之后又

开始了下降的态势；西部地区在研究期内的波动幅度很小。对比图 2-7 和图 2-8，可以发现，单位人员环保执法案件数变化与总的案件数变化态势基本一致，都是东部地区最高，中西部地区差距逐渐缩小。由以上分析可以看出，不同的地区间环保执法案件总数存在差异，东部地区由于经济发展以及制度等方面相对于中西部地区都比较完善，所以在环保执法方面也都强于中西部地区，这一结论与上述每 10 万人中的腐败立案数东部最低也相对应；中西部地区则由于经济正处于快速发展阶段，各项制度都还不太完善，因此在环保立法方面更应该多加关注。

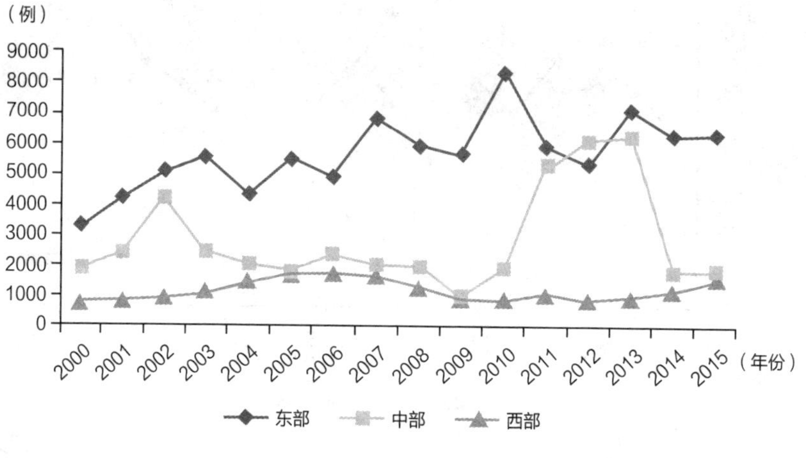

图 2-8　东、中、西部地区环保执法案件总数的变化（2000—2015 年）

表 2-2 显示了研究期内全国 30 个省（区、市）的单位人员执法案件数和环保执法案件总数的变化情况。这两个指标分别从环保执法强度、环保执法总量方面考察了研究期内各省（区、市）环保规制的执行强度。单位人员执法案件数方面，研究期内，全国各个省（区、市）既有增加也有减少，其中单位人员执法案件数增加幅度最大的依次是北京、广东，都是经济比较发达、制度比较完善的省（市），它们对环保执行的要求越来越高；而单位人员执法案件数减少幅度最大的依次是辽宁、黑龙江，这两个

省份经济发展比较落后，在地方经济转型困难的大背景下，其环保执行力度也可能有显著的放松，其环保制度尤其是执行的检察力度有待继续完善。在环保执法案件总数方面，除了天津、辽宁、河南、湖北、湖南、江西、四川、广西呈现下降的态势外，其余20多个省份都有所增长，其中增长幅度最大的依次是北京和广东，这说明其在环保执法方面都有所加强，此数据的变化与单位人员执法案件数增长幅度最大的省份数据基本对应；此外，呈现下降趋势的主要是中部地区，这说明中部地区在环保执法方面还比较薄弱，尤其在当前地区经济竞争日趋激烈的大背景下，中部地区地方政府对经济增长与环境治理关系的协调还有待提升，政府及相关部门应加大环保执法力度。

表2–2 全国各个省（区、市）环保案件数变化

地区	单位人员执法案件数（例/人）				环保执法案件总数（例）			
	2003年	2007年	2011年	2015年	2003年	2007年	2011年	2015年
北京	0.30	1.41	1.95	1.41	451	2586	5096	4412
天津	0.70	0.58	0.08	0.53	1193	1091	164	992
河北	0.26	0.38	0.34	0.22	2920	5437	5904	4323
辽宁	3.55	2.71	1.73	0.53	31016	21450	15150	5105
上海	1.13	0.70	0.50	1.14	2295	1514	1158	2595
江苏	0.64	1.48	0.60	0.68	5782	13733	6172	7952
浙江	1.30	1.97	1.50	1.56	5928	11441	9936	11553
福建	1.34	1.19	0.67	0.63	4445	4088	2714	3413
山东	0.31	0.43	0.51	0.53	3427	5621	7022	8396
广东	0.32	0.79	0.98	1.66	3017	7727	11405	20039
海南	0.04	0.07	0.15	0.36	33	81	235	571
河南	0.27	0.23	0.09	0.13	4900	4579	2114	3509
湖北	0.32	0.17	0.21	0.33	2720	1262	1609	2531
湖南	0.31	0.10	0.29	0.16	2211	828	2676	1775
江西	0.32	0.38	0.37	0.25	1193	1663	1930	1360

续表

地区	单位人员执法案件数（例/人）				环保执法案件总数（例）			
	2003年	2007年	2011年	2015年	2003年	2007年	2011年	2015年
安徽	0.38	0.28	0.12	0.18	1811	1587	690	1166
吉林	0.17	0.10	0.16	0.20	827	517	828	1104
黑龙江	1.09	0.71	0.97	0.25	4319	3403	30844	1368
山西	0.19	0.22	0.18	0.18	1614	2316	2086	2158
重庆	1.01	0.70	0.57	0.39	1846	1678	1548	2474
四川	0.88	0.77	0.21	0.20	5038	5235	1769	2344
贵州	0.21	0.36	0.14	0.39	444	878	456	1887
云南	0.16	0.58	0.29	0.36	533	2378	1423	2177
陕西	0.26	0.28	0.24	0.39	1394	1567	1442	2566
甘肃	0.27	0.12	0.13	0.28	740	419	550	1306
青海	0.10	0.07	0.07	0.33	61	59	68	344
宁夏	0.15	0.65	0.09	0.48	101	527	102	499
新疆	0.34	0.84	0.47	0.23	872	2655	1722	1053
广西	0.24	0.50	0.24	0.32	703	1613	883	1477
内蒙古	0.27	0.26	0.30	0.25	980	1137	1618	1560

图 2–9 显示的是研究期内东、中、西部地区环保立法数量的变化。从总体趋势上来看，东、中、西部三大地区的环保立法数量尽管波动性非常大，但是在整体上呈现上升的态势。在 2005 年之前三大地区的关系是东部地区数量最高，中部次之，西部最低；而 2005 年之后，中部地区迅速增长并超过了东部地区，此后呈现波动性的增长，而东、西部地区之间的总量差距明显缩小，甚至在个别年份两者出现了重合部分，直到 2011 年，西部地区迅速增长并超越了东部地区，随后又开始逐渐下降且低于东部地区；中部地区在 2013 年左右也出现了持续的下降，并在 2015 年的数量低于东部地区。从图 2–9 中可以得出，在近几年又回到了最初的环保立法数量东部最高，西部最低的态势，并且东、中部地区呈现上升的态势，西部

地区则有下降的趋势，这表明了三大地区之间的环保立法数量存在着较大的差异，西部这种发展比较落后，而生态环境又比较脆弱的地区，环保立法数量也明显低于东部发达地区，因此，西部地区更应该不断地完善立法以保护生态环境。

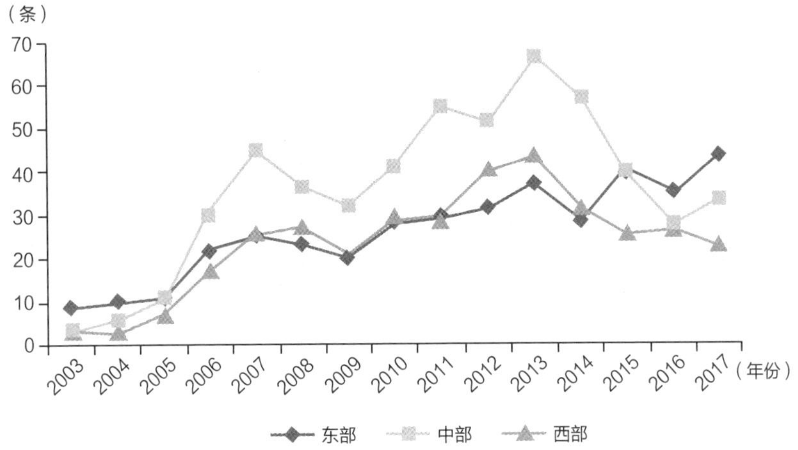

图 2-9　东、中、西部地区环保立法数量的变化（2003—2017 年）

图 2-10 显示的是在研究期内东、中、西部地区地方财政环保支出的变化。由图 2-10 可以看出，在 2009 年之前，三大地区的财政环保支出都呈现递增的态势，并且三者之间的总量差距很小；但是在 2009 年之后，从绝对数量上来看，三大地区的财政环保支出呈现阶梯式分布，东部最高，中部次之，西部最低，且在 2012 年之前东部和中部地区的差距很小，在 2012 年之后，东部地区的快速增长拉大了与中部地区的差距，这一发展态势与三大地区的经济发展以及环境污染状况呈现高度的相关性。从数量变化上来看，研究期内三大地区的财政环保支出都呈现持续增长的态势，从增速来看，东部地区的增速最高，中部地区次之，西部地区则相对较慢；在 2014 年三大地区的财政环保支出呈现了快速增加的态势，这与当年新

的《环境保护法》出台对地方政府约束加强有关。由此可以看出，全国各个地区的地方财政环保支出存在着较大的差距，这与各个地区的实际发展水平以及其在环保方面的政策不同相关。

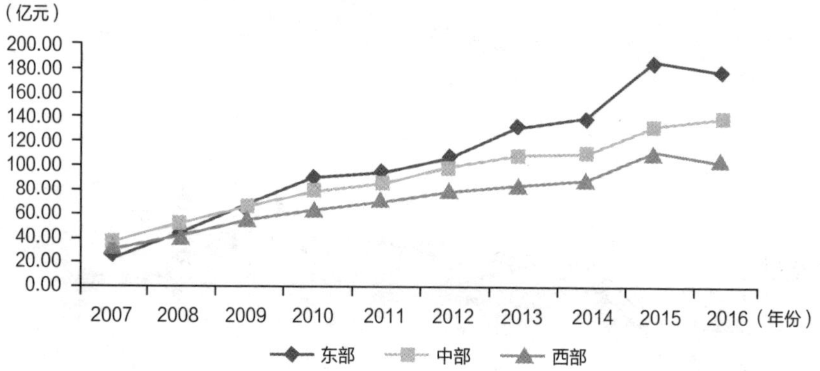

图 2-10　东、中、西部地区地方财政环保支出的变化（2007—2016 年）

图 2-11 显示了研究期内东、中、西部地区地方财政环保支出占 GDP 比重的变化。总体看，三大地区的占比呈现比较显著的阶梯式分布，西部最高，中部次之，东部最低，但是中部地区与西部地区的差距正在逐渐缩小，这样的发展态势与三大地区的经济增长以及环保支出呈现高度相关性；对比图 2-10 与图 2-11 可以看出，东部财政环保支出是最高的，但由于东部地区的经济发展领先，GDP 也大于中、西部地区，因此在三大地区的占比东部最低。从占比的变化上来看，中部和东部地区呈现持续增长的态势，从增速上来看，东部和中部地区的增速比较平缓，并且中部地区在 2010 年出现了下降的态势；而西部地区则是先以较快的速度上升，在 2009 年至 2014 年呈现下降的态势，在 2014 年后又呈现先上升后下降的态势，西部地区在近几年出现的下降态势主要与西部一些地区的环保财

政支出下降有关；因此，东、中、西部地区的地方财政环保支出占 GDP 的比重存在很大的差异，这与各个地区的经济发展以及财政支出政策息息相关。

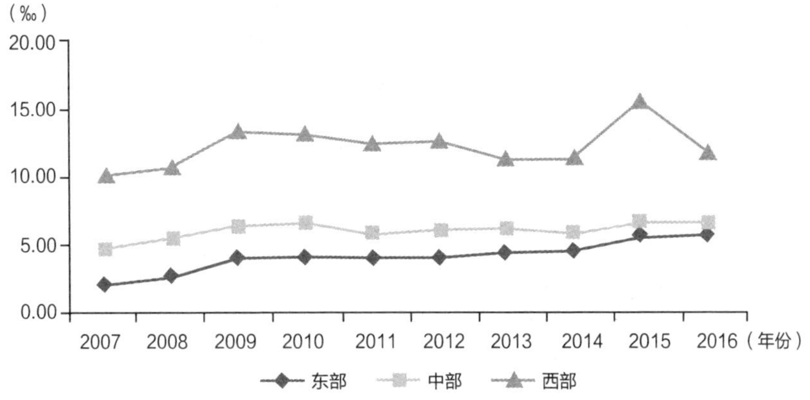

图2-11　东、中、西部地区地方财政环保支出占 GDP 比重的变化（2007—2016 年）

表 2-3　全国各个省（区、市）地方财政环保支出及其占 GDP 的比重

地区	地方财政环保支出（亿元）			财政环保支出占 GDP 比重（‰）		
	2010	2013	2016	2010	2013	2016
北京	60.85	138.17	363.38	4.31	6.98	14.16
天津	27.1	48.44	65.63	2.94	3.35	3.67
河北	115.16	171.86	262.8	5.65	6.04	8.19
辽宁	77.44	108.59	87.24	4.20	3.99	3.92
上海	47.31	56.43	134.41	2.76	2.59	4.77
江苏	139.89	229.18	285.11	3.38	3.84	3.68
浙江	82.07	98.14	161.4	2.96	2.60	3.42
福建	39.79	58.6	130.35	2.70	2.68	4.52
山东	112.93	212.81	239.28	2.88	3.85	3.52
广东	239.16	307.78	170.85	5.20	4.93	3.68

续表

地区	地方财政环保支出（亿元）			财政环保支出占 GDP 比重（‰）		
	2010	2013	2016	2010	2013	2016
海南	14.89	23.18	37.31	7.21	7.29	9.21
河南	96.38	111.92	195.72	4.17	3.48	4.84
湖北	96.31	109.72	145.64	6.03	4.43	4.46
湖南	90.82	128.67	170.85	5.66	5.23	5.41
江西	49.14	74.17	117.88	5.20	5.15	6.37
安徽	64.72	108.42	133.64	5.24	5.64	5.48
吉林	71.55	126.83	122.14	8.25	9.72	8.27
黑龙江	89	115.75	113.44	8.58	8.01	7.37
山西	82.37	98.16	115.54	8.95	7.75	8.85
重庆	69.01	114.55	136.2	8.71	8.96	7.68
四川	112.99	159.95	166.35	6.57	6.06	5.05
贵州	54.32	66.44	127.09	11.80	8.22	10.79
云南	86.41	105.29	150.13	11.96	8.90	10.15
陕西	82.88	109.77	126.79	8.19	6.77	6.54
甘肃	68.31	69.82	95.25	16.58	11.03	13.23
青海	36.15	66.78	73.41	26.77	31.47	28.54
宁夏	30.79	32.93	36.69	18.22	12.78	11.58
新疆	51.02	68.99	65.07	9.38	8.17	6.74
广西	63.99	64.23	90.7	6.69	4.45	4.95
内蒙古	107.99	132.11	159.39	9.25	7.81	8.79
西藏	11.77	17.21	33.05	23.19	21.10	28.70

表 2-3 显示了研究期内 31 个省（区、市）地方财政环保支出及其占 GDP 比重的变化情况。在地方财政环保支出方面，除了广东外，其余地区的地方财政环保支出都是增长的，其中增长幅度最大的依次是北京、福建等东部地区，中、西部地区的增长则没有东部地区快，这说明不同的地区之间财政支出增长的幅度是不同的，在经济发展比较快的省份，对环境保

护也较重视。从地方财政环保支出占 GDP 的比重来看，东部地区除辽宁和广东外，其余地区的财政环保支出占 GDP 比重都是增加的，而中、西部地区，除部分地区的占比上升外，大部分地区的占比都是下降的，表明中、西部与东部地区之间仍存在较大的差距，仍然需要政府合理地增加环境保护方面的支出。

3　需求结构调整与地区环境治理

改革开放三十多年来，伴随着我国经济和人民生活水平的不断提高，资源耗竭、环境恶化、贫富差距扩大等可持续发展问题日益凸显。基于经济的需求动力结构，导致投资需求的增长持续快于消费需求的增长，中国长期实行“投资和出口驱动型”的增长模式。然而，“高投资”和低水平的重复建设导致行业产能过剩，给金融业带来巨大风险。此外，受到国外近期经济不景气和国际贸易保护主义的影响，加上我国劳动力“成本优势”逐渐散失和人民币持续升值等不利因素，导致我国出口增长受阻，继续谋求出口的高速增长必然面临巨大压力，这是中国当前所面临的重大课题。

现有文献主要是对经济结构与环境污染之间的关系进行分析。杨海生等（2005）、邓柏盛等（2008）认为发达国家通过对外贸易将污染转移。沈亚芳等（2005）、温怀德等（2008）基于比较优势的我国对外出口贸易发展战略，在促进中国经济增长的同时，也带来极其严重的国内环境污染问题。Pasche（2002）认为技术进步能够改变环境污染问题，Torras 等（1998）、Selden 等（1994）则发现制度因素较之经济增长因素与环境之间的关系更为显著。需求结构对环境污染的影响研究，现有学者主要研究的是经济结构调整与环境污染的关系。De Bruyn 等（1998）研究发现，经济结构变动与环境污染之间存在着显著相关性。研究认为经济结构与环境污染之间的关系有：不显著影响（胡飞，2011；李斌等，2011）、正相关效应（许正松等，2014）、负相关效应（袁晓玲等，2009）、库兹涅茨曲线关系（牛海鹏等，2012）。唐德才（2009）则认为在一定工业结构下，既可以保障经济增长的目标，又能满足水环境污染控制的目标。罗能生等（2014）研究发现，需求结构与环境污染之间存在着环境库兹涅茨曲线关系。

综上所述，需求结构对经济增长和环境污染起着相当重要的作用，且由于我国地区需求结构、经济增长与环境污染程度存在较大差距，为了全面考察我国需求结构、经济增长与环境污染之间所具有的空间溢出效应，本文基于2000—2016年的省（区、市）数据，采用极化指数对我国区域需求结构的地区差距进行分解；为了有效避免内生性问题，运用空间面板分位数计量模型实证检验需求结构变动对环境污染治理的直接影响效应，以及需求结构变动通过经济增长的交互作用对环境污染治理产生间接影响效应，以期揭示我国需求结构变动对环境污染治理的空间非线性影响效应，试图为新时期优化需求结构、改善环境污染提供有价值的参考。

3.1 中国需求结构测度及其地区差异分解

3.1.1 需求结构测度

需求结构失衡能够导致增长速度和发展模式的扭曲，需求结构转变是经济长期持续均衡增长的本质要求（Garegnani 等，2010；Garavaglia，2012）。在“钱纳里标准模式”工业化进程中的不同阶段，消费率和投资率水平会有所不同。需求结构指标包括需求结构合理化和需求结构高级化。本文采用纪明等（2014）提出的将消费需求和净出口需求合称为最终需求，运用最终需求投资比（最终需求与投资需求之比）作为衡量需求结构合理化指标。其中，t 代表年份；DR^* 代表在稳态情况下最终需求投资比水平；DR_t 代表第 t 年的最终需求投资比水平；DRF_t 代表需求结构失衡程度；DRF_{sd} 代表需求结构合理化指标。具体计算公式如下：

$$DRF_t=\frac{DR_t-DR^*}{DR^*}\times 100\%\text{；}DRF_{sd}=\sqrt{\frac{1}{t}\sum_{i=1}^{t}(DR_t-DR^*)^2} \quad (3\text{–}1)$$

需求结构高级化 DRH = 需求消费 / 总消费，取值范围在 0 ～ 1，DRH 值越大，说明经济体的需求结构高级化水平越高；反之则反是。

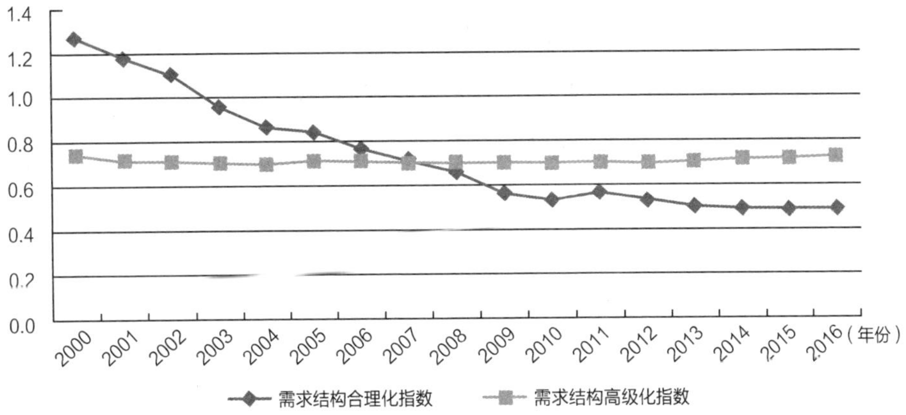

图 3–1　2000—2016 年需求结构合理化和高级化趋势图

测算出 2000—2016 年我国需求结构合理化和需求结构高级化指数，结果如图 3–1 所示。由图 3–1 可知，需求结构合理化指数呈现波动幅度较大的下降态势，说明我国需求结构正在向合理化方向发展，但是目前我国经济发展过程中的需求结构合理化水平仍然偏低；需求结构高级化指数呈现略微波动的平稳趋势，说明我国需求结构呈现较强的“低端高级化”特征。需求结构合理化和需求结构高级化水平往往与经济体自身特点及发展阶段密切相关，需求结构演进特征往往与经济的快速增长相联系。经济学结构主义认为，经济快速发展会使需求结构演进波动幅度较大，需求结构合理化水平偏低和需求结构高级化会呈现下降演进特征，需求结构整体上会偏离均衡经济增长的路径，这种增长模式是不符合经济可持续发展的；而目前我国出口持续低迷，长期依靠投资拉动经济，加之国内产能过剩，会造成经济波动，迫切需要我国进行经济结构调整，并且优化需求结构。

3.1.2 中国需求结构地区差异分解

本文采用 Dagum 基尼系数分解方法对中国需求结构的地区差距进行分解。Dagum 基尼系数的计算公式如式（3–2）所示：其中，y_{ji} 表示 j 地区的区域内需求结构水平；y_{hr} 表示 h 地区的区域内需求结构水平；μ 表示我国各地区需求结构的平均值；n 表示地区数量；k 表示地区划分数量；n_j 表示 j 地区内省份数量；n_h 表示 h 地区内省份数量。

$$G=\frac{\sum_{j=1}^{k}\sum_{h=1}^{k}\sum_{i=1}^{n_j}\sum_{r=1}^{n_h}\left|y_{ji}-y_{hr}\right|}{2n^2\mu} \tag{3-2}$$

$$\overline{Y_1}\leqslant\overline{Y_h}\cdots\leqslant\overline{Y_j}\leqslant\cdots\leqslant\overline{Y_k} \tag{3-3}$$

根据式（3–3）对地区需求结构平均发展水平进行排序，从而对地区进行划分。Dagum 基尼系数 $G=G_w+G_{nb}+G_t$，其中，G_w、G_{nb} 和 G_t 分别表示地区内差距的贡献、地区间净值差距的贡献和超变密度的贡献。G_{jj} 和 G_{jh} 分别表示 j 地区内基尼系数和 j、h 地区间基尼系数。

$$G_{jj}=\frac{\frac{1}{2\overline{Y_j}}\sum_{i=1}^{n_j}\sum_{r=1}^{n_j}\left|y_{ji}-y_{jr}\right|}{n_j^2} \tag{3-4}$$

$$G_{\omega}=\sum_{j=1}^{k}G_{jj}p_{j}s_{j} \tag{3-5}$$

$$G_{jh}=\frac{\sum_{i=1}^{n_j}\sum_{r=1}^{n_h}\left|y_{ji}-y_{jr}\right|}{n_{j}n_{h}(\overline{Y_j}+\overline{Y_h})} \tag{3-6}$$

$$G_{nb}=\sum_{j=2}^{k}\sum_{h=1}^{j-1}G_{jh}(p_{j}s_{h}+p_{h}s_{j})D_{jh} \tag{3-7}$$

$$G_{t}=\sum_{j=2}^{k}\sum_{h=1}^{j-1}G_{jh}(p_{j}s_{h}+p_{h}s_{j})(1-D_{jh}) \tag{3-8}$$

其中，$p_j=n_j/n$，$S_j=n_j\overline{Y}/n\overline{Y}$；$j=1，2，\cdots，k$。式（3–7）中的 D_{jh} 表示 j 和 h 地区间需求结构贡献率的相对影响。式（3–10）中的 d_{jh} 表示地区间需求结构贡献率差值；式（3–11）中的 P_{jh} 表示超变一阶矩。

$$D_{jh}=\frac{d_{jh}-p_{jh}}{d_{jh}+p_{jh}} \tag{3-9}$$

$$d_{jh}=\int_{0}^{\infty}dF_{j}(y)\int_{0}^{y}(y-x)dF_{h}(x) \tag{3-10}$$

$$p_{jh}=\int_{0}^{\infty}dF_{h}(y)\int_{0}^{y}(y-x)dF_{j}(y) \tag{3-11}$$

为了刻画我国区域需求结构水平分布的地区差距，本文根据 Dagum 基尼系数法测算了 2000—2016 年我国区域需求结构水平的基尼系数，通过东、中、西部地区划分从而进行子群分解，测算结果如表 3–1 所示。我国区域需求结构水平空间分布的总体地区差距及其演变趋势如图 3–2 所示。由图 3–2 可知，我国区域需求结构空间分布的总体地区差距在样本考察期内呈现上升趋势，这说明近年来我国区域需求结构水平空间分布的地区差距有扩大的趋势。本文对三大区域内部需求结构水平空间分布的地区差距及其变化趋势进行分析。2000 年，相对于中部地区和西部地区差距，东部地区需求结构水平空间分布的地区差距较小。然而，随着时间的推移，东部地区需求结构水平的地区差距出现了显著扩大的态势，2016 年达到了整个样本考察期内的最大值 0.2010；同时，中部地区需求结构水平的地区差距上升的幅度远高于东部地区，2016年达到了整个样本考察期内的最大值0.5687。与东部和中部地区不同，西部地区需求结构水平的地区差距在样本考察期内呈现缩小趋势，从2000年的0.1209下降到2016年的0.0774。总体来看，2016年，相对于东部地区和中部地区差距，西部地区需求结构水平空间分布的地区差距相对较小且呈现下降的趋势，而东部地区和中部地区差距在不断扩大。本文还描述了需求结构水平的地区间差距及其演变趋势。2000年，东西部差距高于东中部差距和中西部差距。然而，随着时间的推移，东西部差距和东中部差距出现了显著扩大的态势，而中西部差距在不断缩小。因此，2016年，东西部差距和东中部差距远高于中西部差距。本文进一步对我国区域需求结构水平地区内差距、地区间差距和超变密度的贡献率的演变趋势进行分析。样本考察期内，我国需求结构地区内差距和地区间差距的贡献率呈现上升趋势，超变密度的贡献率呈现下降趋势。2016年，地区间差距贡献率高于地区内差距和超变密度的贡献率，说明地区间差距是导致我国区域间需求结构水平差异的主要原因。

表3-1　中国需求结构的基尼系数及其分解结果

年份	总体	地区内差距			地区间差距			贡献率（%）		
		东部	中部	西部	东—中	东—西	中—西	地区内	地区间	超变密度
2000	0.1418	0.0553	0.1052	0.1209	0.076	0.146	0.119	24.38	0.91	74.70
2001	0.1524	0.0800	0.1232	0.1021	0.099	0.145	0.117	26.49	2.55	70.96
2002	0.1689	0.1603	0.1431	0.1913	0.166	0.144	0.179	31.86	3.65	64.49
2003	0.1871	0.1839	0.1415	0.2024	0.189	0.143	0.191	30.76	4.44	64.80
2004	0.1843	0.1790	0.1415	0.1837	0.187	0.137	0.178	30.02	4.01	65.97
2005	0.2107	0.1238	0.1865	0.1358	0.146	0.144	0.148	27.78	22.20	50.02
2006	0.2468	0.1195	0.2022	0.1307	0.148	0.146	0.146	23.81	20.91	55.28
2007	0.2520	0.1688	0.2013	0.0992	0.176	0.172	0.110	23.63	20.21	56.16
2008	0.2175	0.1384	0.2567	0.1119	0.187	0.162	0.131	27.14	22.34	50.51

续表

年份	总体	地区内差距			地区间差距			贡献率（%）		
		东部	中部	西部	东—中	东—西	中—西	地区内	地区间	超变密度
2009	0.1938	0.1539	0.3280	0.1053	0.218	0.193	0.124	31.47	32.22	36.31
2010	0.2075	0.1719	0.4057	0.0962	0.252	0.231	0.112	33.33	37.80	28.87
2011	0.2141	0.1714	0.4366	0.0872	0.252	0.254	0.098	33.33	45.48	21.19
2012	0.2287	0.1786	0.4902	0.0850	0.270	0.272	0.096	33.33	49.51	17.16
2013	0.2369	0.1800	0.5198	0.0848	0.275	0.287	0.094	33.33	52.82	13.85
2014	0.2564	0.1910	0.5482	0.0801	0.293	0.303	0.091	33.33	52.93	13.74
2015	0.2577	0.1943	0.5544	0.0800	0.302	0.321	0.089	33.33	53.00	13.67
2016	0.2592	0.2010	0.5687	0.0774	0.314	0.338	0.084	33.33	53.47	13.20

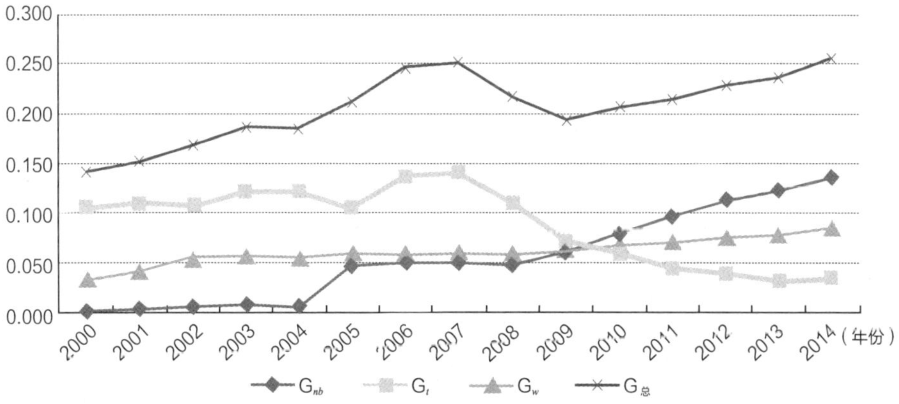

图 3-2　中国需求结构地区差距的演变趋势

3.2　经验分析

3.2.1　模型和方法

由于资本密集型产品需求和劳动密集型产品需求下降，资源密集型产品需求显著提高，而技术密集型产品需求和服务贸易输入变化不大。目前，我国需求结构通过经济增长渠道对环境污染产生了“倒逼效应”，需求结构与环境污染间存在较强的耦合性（陈万灵等，2014）。此外，由于我国地区需求结构、经济增长和环境污染间存在较大差距，为了全面考察我国需求结构、经济增长和环境污染之间所具有的空间溢出效应，本文通过空间收敛模型和空间面板分位数模型进行实证研究。

3.2.1.1　σ 收敛

使用 σ 收敛指数测度各地区环境治理技术效率和环境治理动态绩效随时间变化的非均衡程度，公式如下：其中，$efficiency_{it}$ 表示地区 i 在 t 期的环境污染治理，$\overline{efficiency_{it}}$ 为地区环境污染治理的算术平均数，N 为所考察的地区个数。

$$\sigma = \sqrt{\frac{1}{N}\sum_{i}(demand_{it} - \overline{demand_{t}})^2} \tag{3-12}$$

3.2.1.2　绝对 β 收敛和空间绝对 β 收敛

由于我国各地区环境治理技术效率（$tech\text{-}eff_{it}$）和环境治理动态绩效（$dyna\text{-}eff_{it}$）表现出不同程度的波动，采用 β 收敛对结果进行稳健性检验，绝对 β 收敛和空间滞后面板绝对 β 收敛检验模型设定如下：

$$tech - eff_{it}/tech - eff_{it-1} = \alpha + \beta tech - eff_{it-1} + \varepsilon_{it} \tag{3-13}$$

$$dyna - eff_{it}/dyna - eff_{it-1} = \alpha + \beta dyna - eff_{it-1} + \varepsilon_{it} \tag{3-14}$$

$$tech - eff_{it}/tech - eff_{it-1} = \alpha + \beta tech - eff_{it-1} + \rho W tech - eff_{it}/tech - eff_{it-1} + \varepsilon_{it} \tag{3-15}$$

$$dyna - eff_{it}/dyna - eff_{it-1} = \alpha + \beta dyna - eff_{it-1} + \rho W dyna - eff_{it}/dyna - eff_{it-1} + \varepsilon_{it} \tag{3-16}$$

3.2.1.3　条件 β 收敛和空间条件 β 收敛

条件 β 收敛是根据不同区域初始所存在的差异，各地区在收敛后的稳态存在差异和发展趋势。空间条件 β 收敛所要检验的是引入控制变量后，环境污染治理的空间差异是否会随着时间推移而逐渐缩小，各地区会否趋向于各自的稳定值。条件 β 收敛和空间条件 β 收敛模型设定如下：

$$tech-eff_{it}/rural_{it-1}=\alpha+\beta tech-eff_{it-1}+\sum_{j}^{n}\lambda_j X_{jit}+\varepsilon_{it} \tag{3-17}$$

$$tech-eff_{it}/tech-eff_{it-1}=\alpha+\beta tech-eff_{it-1}+\sum_{j}^{n}\lambda_j X_{jit}+\rho Wtech-eff_{it}/tech-eff_{it-1}+\varepsilon_{it} \tag{3-18}$$

$$dyna-eff_{it}/dyna-eff_{it-1}=\alpha+\beta dyna-eff_{it-1}+\sum_{j}^{n}\lambda_j X_{jit}+\varepsilon_{it} \tag{3-19}$$

$$dyna-eff_{it}/dyna-eff_{it-1}=\alpha+\beta dyna-eff_{it-1}+\sum_{j}^{n}\lambda_j X_{jit}+\rho Wtech-eff_{it}/dyna-eff_{it-1}+\varepsilon_{it} \tag{3-20}$$

其中，α 为常数项，β 显著为负表示存在绝对 β 收敛，λ_j 为第 j 个控制变量 X_{it} 的回归系数，ε_{it} 为随机误差项，ρ 为空间效应系数。W 为 $N\times N$ 维空间加权矩阵，包括地理权重矩阵、经济权重矩阵和混合权重矩阵。地理权重矩阵 $W_d=1/d_{ab}^2$，$a\neq b$，否则为 0；经济权重矩阵 $W_e=1/|gdp_a-gdp_b|$，$a\neq b$，否则为 0；混合空间权重矩阵 $W_m=W_d\cdot W_e$。

3.2.1.4 空间面板分位数模型

面板分位数回归是一种采用加权绝对残差最小对模型进行估计，考察因变量的条件均值、分布受自变量的影响过程，条件分布函数的参数估计表达式为：

$$\beta(\tau)=\frac{1}{n}\left[\theta\sum|y_i-x_i'\beta_\theta|+(1-\theta)\sum|y_i-x_i'\beta_\theta|\right] \tag{3-21}$$

其中，y_i 和 x_i（$i=1，2，\cdots，n$）分别为因变量和自变量，n 为样本量，β_θ 为各分位点估计系数值。考虑到面板分位数回归模型的固定效应，y_i 的条件分位数为：

$$Q_{yi}(\tau_k|\alpha_i,x_{it})=x_{it}'\beta(\tau_k)+\alpha_i \tag{3-22}$$

为实证检验需求结构对环境污染治理的影响效应，构建的条件分位数函数如下：

$$Q_{yi}(\tau \mid \alpha_i, \varepsilon_{it}, efficiency_{it}, x_{it}) = \alpha_i + \varepsilon_t + \beta_\tau efficiency_{it} + \gamma_\tau x_{it} \quad (3\text{–}23)$$

为实证检验需求结构对环境污染治理的空间溢出影响效应，参考张征宇等（2010），空间面板分位数的固定效应模型设定如下：

$$Q_{yi}(\tau \mid \alpha_i, \varepsilon_{it}, Wefficiency_{it}, x_{it}, Wx_{it}) = \alpha_i + \varepsilon_t + \rho_\tau Wefficiency_{it} + \gamma_\tau x_{it} + \eta_\tau Wx_{it} \quad (3\text{–}24)$$

其中，$tech\text{-}eff_{it}$ 表示环境污染治理，包括环境治理技术效率（$tech\text{-}eff_{it}$）和环境治理动态绩效（$dyna\text{-}eff_{it}$）。x_{it} 表示第 i 个地区第 t 年的影响变量，包括需求结构变量和控制变量。需求结构变量为需求结构合理化和需求结构高级化；控制变量包括经济发展水平、产业结构、环境规制、对外开放程度和技术进步水平。

3.2.2 变量和数据说明

本文选取除港澳台地区和西藏自治区以外的全国 30 个省（市、自治区）2000—2016 年作为数据样本，相关数据来源于《中国统计年鉴》《中国环境统计年鉴》《中国环境年鉴》《中国能源统计年鉴》《中国科技统计年鉴》《中国工业经济统计年鉴》和各省统计年鉴。考虑到研究期间的通货膨胀或通货紧缩情况，以 2000 年为基期，各变量均利用价格指数进行平减，以确保实证检验结果的可信度；同时对变量做对数处理以消除量纲问题和异方差从而增加实证数据的平稳性。此外，按照相关变量每年水平值计算数据中涉及的比值。被解释变量为环境污染治理指标，是运用 Mamlquist-Luenberger 指数和方向性距离函数测算得到各地区环境治理技术效率（*tech-eff*）和环境治理动态绩效（*dyna-eff*）。解释变量为需求结构变量，包括需求结构合理化（*DRF*）和需求结构高级化（*DRH*）。控制变量：用人均 GDP 表示经济发展水平（*PGDP*）；用第二产业产值占地区生产总值的比值表示产业结构（*IND*）；用各地区政府治理工业污染投资总额表示环境规制程度（*ER*）；用各地区进出口贸易总额占 GDP 的比值表示对外开放程度（*OPEN*）；用发明、实用新型和外观设计三项专利的年授权数表示技术进步水平（*TECH*）。

3.2.3　计量结果分析

本文测算了 2000—2016 年我国区域环境治理技术效率和环境治理动态绩效的 σ 收敛指数，如图 3-3 所示。总体而言，我国区域环境治理技术效率和环境治理动态绩效的 σ 收敛指数整体上呈现出略有波动的上升趋势。其中，2000—2003 年，σ 系数值呈现微弱的上升趋势，2004—2016 年，σ 系数值随着时间的推移而呈现略微波动的上升趋势。此外，环境治理技术效率的 σ 收敛指数远高于环境治理动态绩效的 σ 收敛指数。

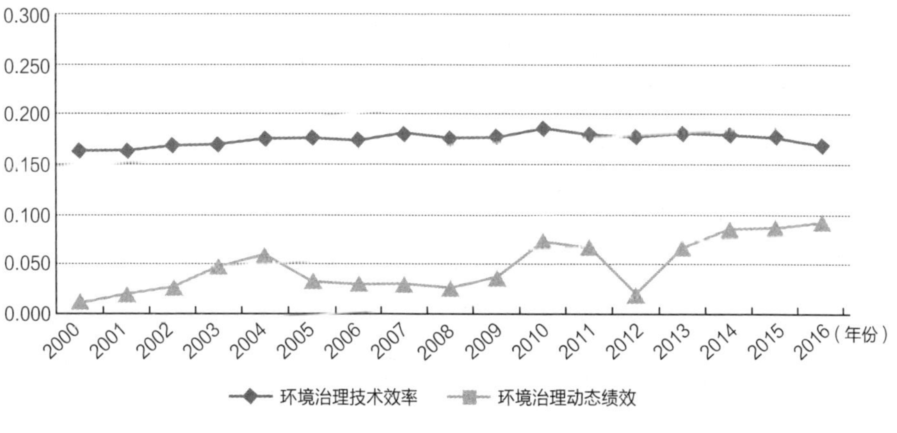

图 3-3　2000—2016 年中国环境污染治理的 σ 收敛指数

本文对我国区域环境治理技术效率和环境治理动态绩效进行绝对 β 收敛检验和空间绝对 β 收敛检验。分别运用地理权重矩阵、经济权重矩阵和混合空间权重矩阵对模型进行估计，研究发现回归系数符号并无显著差异，说明计量模型检验结果比较稳健。表 3-2 给出了绝对 β 收敛检验和空

间绝对 β 收敛检验的固定效应估计结果。由表 3–2 可知，回归系数 β 显著为负，说明我国环境治理技术效率和环境治理动态绩效的地区分布在整体上存在绝对 β 收敛和空间绝对 β 收敛，表明我国环境治理技术效率和环境治理动态绩效存在显著的收敛趋势。ρ 为空间效应系数显著为正，说明邻区环境治理技术效率（或环境治理动态绩效）对本地区环境治理技术效率（或环境治理动态绩效）具有一定的影响作用，区域间环境治理技术效率（或环境治理动态绩效）存在空间依赖性，空间距离对邻近地区行为具有空间溢出效应，忽略空间因素的收敛检验会存在偏误问题。此外，环境治理技术效率的 ρ 系数值略低于环境治理动态绩效的 ρ 系数值，造成了区域环境污染治理的“污染较高地区的恶性循环”“污染较低地区的良性循环”现象。

表 3–2　绝对 β 收敛和空间绝对 β 收敛检验结果

地区	变量	普通绝对 β 收敛	空间绝对 β 收敛		
			地理矩阵	经济矩阵	混合矩阵
环境治理技术效率	P		0.642***	0.496***	0.520***
			（7.34）	（5.83）	（6.80）
	A	0.122***	0.116***	0.128***	0.118***
		（4.98）	（5.05）	（5.45）	（5.14）
	B	−0.169***	−0.164***	−0.180***	−0.167***
		（−4.87）	（−5.02）	（−5.38）	（−5.70）
	R–square	0.413	0.752	0.786	0.742
	Log L		848.073	838.399	844.451
环境治理动态绩效	P		0.593***	0.453***	0.420***
			（8.51）	（7.16）	（7.05）
	A	0.799***	0.726***	0.737***	0.729***
		（12.75）	（12.47）	（12.37）	（12.18）

续表

地区	变量	普通绝对 β 收敛	空间绝对 β 收敛		
			地理矩阵	经济矩阵	混合矩阵
环境治理动态绩效	B	−0.772***	−0.705***	−0.715***	−0.707***
		（−12.63）	（−12.43）	（−12.33）	（−12.12）
	R−square	0.429	0.452	0.417	0.416
	Log L		655.242	645.399	644.604

注：*、**、*** 分别表示在 10%、5% 和 1% 的统计水平上显著，括号内为 t 值。下同。

文章对我国区域环境治理技术效率和环境治理动态绩效进行条件 β 收敛和空间条件 β 收敛检验的结果如表 3–3 所示。条件 β 收敛和空间条件 β 收敛是将控制变量引入模型当中，检验环境治理技术效率和环境治理动态绩效的空间差异是否会随着时间的推移而逐渐缩小，各地区能否趋向于各自的稳定值。为保证计量模型检验结果的稳健性，分别用需求结构合理化和需求结构高级化对环境治理技术效率和环境治理动态绩效的地区分布进行实证检验。表 3–3 给出了条件 β 收敛和空间条件 β 收敛的固定效应估计结果。由表 3–3 可知，回归系数 β 显著为负，说明我国环境治理技术效率和环境治理动态绩效的地区分布在整体上存在条件 β 收敛和空间条件 β 收敛。

表 3–3　条件 β 收敛和空间条件 β 收敛检验结果

模型 \ 变量	条件 β 收敛（环境治理技术效率模型）		空间条件 β 收敛（环境治理动态绩效模型）		空间条件 β 收敛（环境治理技术效率模型）		空间条件 β 收敛（环境治理动态绩效模型）	
P			0.353***	0.354***			0.284***	0.284***
			（4.21）	（4.22）			（5.15）	（5.14）
A	−0.047*	−0.086*	−0.040*	−0.027*	0.511***	0.550***	0.197***	0.532***
	（−1.73）	（−1.75）	（−1.66）	（−1.74）	（5.03）	（5.77）	（3.46）	（5.77）
B	−0.227***	−0.229***	−0.210***	−0.211***	−1.090***	−1.089***	−1.012***	−1.012***
	（−6.64）	（−6.69）	（−6.22）	（−6.25）	（−18.09）	（−18.08）	（−16.81）	（−16.80）

续表

模型 / 变量	条件β收敛（环境治理技术效率模型）		空间条件β收敛（环境治理动态绩效模型）		空间条件β收敛（环境治理技术效率模型）		空间条件β收敛（环境治理动态绩效模型）	
DRF	−0.090*		−0.100*		−0.009*		−0.010*	
	(−1.72)		(−1.86)		(−1.66)		(−1.73)	
DRH		0.019*		0.014*		0.013*		0.100*
		(1.65)		(1.78)		(1.81)		(1.73)
PGDP	0.021***	0.023***	0.018**	0.020***	0.040***	0.036***	0.037***	0.032***
	(2.98)	(4.37)	(2.56)	(3.56)	(3.89)	(4.59)	(3.63)	(4.15)
IND	0.002	0.002	0.002	0.002	0.034***	0.034***	0.031***	0.031***
	(0.23)	(0.28)	(0.33)	(0.30)	(3.21)	(3.19)	(3.05)	(3.02)
ER	0.015**	0.015**	0.012*	0.012*	0.021**	0.022**	0.019*	0.019*
	(2.20)	(2.20)	(1.74)	(1.74)	(2.10)	(2.11)	(1.92)	(1.93)
OPEN	−0.023	−0.023	−0.020	−0.019	−0.065***	−0.063***	−0.066***	−0.065***
	(−1.51)	(−1.49)	(−1.25)	(−1.22)	(−2.80)	(−2.71)	(−2.95)	(−2.86)
TECH	−0.046	−0.013	−0.010	−0.019	−0.050	−0.015	−0.073	−0.035
	(−0.73)	(−1.21)	(−1.16)	(−1.45)	(−0.40)	(−0.41)	(−0.60)	(−0.30)
R-squared	0.368	0.416	0.366	0.37	0.471	0.461	0.372	0.364
Log L			856.628	856.645			695.278	694.994

注：此处的空间权重为地理与经济权重的嵌套权重矩阵。

需求结构合理化对环境治理技术效率和环境治理动态绩效显著为负，说明需求结构越合理，对环境治理技术效率和环境治理动态绩效越具有显著的正向作用。我国经济稳定增长的同时，环境污染严重和生态系统退化，经济发展与资源环境之间的矛盾日益突出，呈现“越污染越治理、越治理越污染”的环境治理悖论。近年来，改善需求结构的经济发展方式转变正在成为我国推进环境污染治理和生态文明建设的关键，投资率和出口率的下降，而伴随着国内消费率的不断上升，我国以煤炭为主的能源消费结构和煤炭消耗产生不容易累积的烟煤型污染物，使得需求结构引致的污染效应在短期内较为明显。同时，需求结构变动能够提高企业生产率和产生创新补偿效应的双重效果。然而，经济扩张对环境污染的冲击具有持续性和一定的反弹效应（张同斌等，2016）。因此，合理控制结构因素和规模因素对污染物排放的影响，有利于减少环境污染物的排放量。成为了我国环境污染治理的重要环节。需求结构高级化对环境治理技术效率和环境治理动态绩效显著为正，说明需求结构越高级，对环境治理技术效率和环境治理动态绩效越具有显著的正向作用。在中国需求结构水平不断提升的背景下，集约型经济增长方式导致企业的投入研发动机不够，环境污染治理投资规模的扩大，在一定程度上促进了技术创新，环境污染治理可以形成倒逼机制推动企业自主创新，实现生产方式升级改造，有利于发挥市场在能源资源生产配置和调节能源消费行为等方面的作用，这在一定程度上降低了落后企业的退出壁垒，从而导致落后产能会被淘汰，进而有利于能源效率的改善。经济发展水平对环境治理技术效率和环境治理动态绩效显著为正，说明经济发展水平越高，对环境治理技术效率和环境治理动态绩效越具有显著的正向作用。近年来，中国通过改善内需驱动经济增长，最终消费需求的支撑有利于投资结构优化，经济发展规模得到持续。此外，地区经济增长具有收敛性，有利于要素的跨区域流动和区域间分工合作（张兵兵等，2017）。因此，经济快速增长是实现环境污染治理的外部重要条件。

表 3-4　空间面板分位数回归结果

绩效类型	分位点		η_i	*DRF*	*WDRF*	*PGDP*	*WPGDP*	*Adjusted* R^2
环境治理技术效率	0.1	估计量	0.085*	−0.023**	−0.013**	0.055***	−0.052***	0.701
		t 值	（1.79）	（1.98）	（−1.99）	（4.79）	（−4.77）	
	0.25	估计量	0.110*	−0.015*	−0.023**	0.067***	−0.065***	0.727
		t 值	（1.88）	（1.75）	（−2.49）	（4.93）	（−4.87）	

续表

绩效类型	分位点		η_τ	*DRF*	*WDRF*	*PGDP*	*WPGDP*	*Adjusted* R^2
环境治理技术效率	0.5	估计量	0.125^{*}	-0.016^{*}	-0.024^{**}	0.089^{***}	-0.085^{***}	0.761
		t 值	(1.76)	(−1.85)	(−2.51)	(5.04)	(−4.87)	
	0.75	估计量	0.231^{***}	-0.035^{**}	-0.029^{***}	0.141^{***}	-0.127^{***}	0.793
		t 值	(2.72)	(2.01)	(−2.86)	(7.09)	(−6.40)	
	0.9	估计量	0.133^{*}	-0.053^{**}	-0.031^{***}	0.184^{***}	-0.159^{***}	0.753
		t 值	(1.66)	(2.05)	(−3.18)	(9.76)	(−8.15)	
绩效类型	分位点		η_τ	DRH	WDRH	PGDP	WPGDP	Adjusted R^2
环境治理动态绩效	0.1	估计量	0.305^{***}	0.020^{**}	0.220^{**}	0.049^{***}	-0.040^{***}	0.775
		t 值	(6.89)	(2.52)	(2.07)	(4.51)	(−3.49)	
	0.25	估计量	0.302^{***}	0.078^{***}	0.130^{**}	0.033^{**}	-0.021^{*}	0.768
		t 值	(5.24)	(3.42)	(2.27)	(2.30)	(−1.73)	
	0.5	估计量	0.502^{***}	0.074^{***}	0.162^{***}	0.034^{***}	-0.022^{*}	0.787
		t 值	(12.81)	(3.22)	(2.76)	(2.90)	(−1.89)	
	0.75	估计量	0.639^{***}	0.040^{***}	0.161^{***}	0.055^{***}	-0.034^{**}	0.871
		t 值	(12.62)	(2.91)	(2.58)	(3.67)	(−2.25)	
	0.9	估计量	0.613^{***}	0.026^{**}	0.226^{***}	0.132^{***}	-0.086^{**}	0.886
		t 值	(5.52)	(2.08)	(3.14)	(3.88)	(−2.45)	

注：由于篇幅问题，未将控制变量的计量结果进行展示，如需可向作者索要。

参数估计是对整个样本分布上的平均水平进行分析，而无法揭示参数在样本分布不同分位点上的变化路径，参数估计值的不显著有可能是在高中低分位数上正负相抵而造成的。因此，采用空间面板数据在不同分位点下进行估计，表 3–4 给出了分位点为 0.1，0.25，0.5，0.75，0.9 下所得到的回归系数、*t* 统计量和拟合优度。由表 3–4 可知，在不同分位点下，模型的回归系数值、*t* 统计量与拟合优度均呈现稳定状态。需求结构合理化集群（*WDRF*）对环境治理技术效率产生显著为负，说明需求结构合理化集群越高，对环境治理技术效率越具有显著的正向作用。地区间要素禀赋的关联效应，会使消费、投资、出口的边际拉动效应向最优均衡点趋近，基本符合“钱纳里标准模式”的需求结构变化趋势（李百吉等，2017）。消费需求达到最优的环境效应，资源能够得到较有效的利用，避免陷入“比较优势陷阱”，从而对生态环境产生正向影响。需求结构高级化集群（*WDRH*）对环境治理动态绩效影响显著为正，说明需求结构高级化集群越高，对环境治理动态绩效越具有显著的正向作用。在需求结构高级化的过程中，经济发展方式跨越成为集约型经济增长方式，经济结构进入均衡发展阶段，资源得到最有效的利用。经济集聚（*Wpgdp*）对环境治理技术效率和环境治理动态绩效产生显著的负向作用。“利维坦假说”认为在“锦标竞赛”和“晋升竞赛”的双重作用下，理性的政府官员为了追求自身权力最大化，地方政府以经济快速增长为主要目标，主动采取降低环境标准的“逐底竞赛”方式，大力引进低技术水平、高污染高能耗的产业，区域协作逐渐转向“以邻为壑”的恶性竞争和囚徒困境当中，从而使得我国生态环境趋向恶化（刘东皇等，2015）。

3.3 结论与政策启示

本文基于我国 2000—2016 年的相关数据，采用 Dagum 基尼系数分解方法对我国区域需求结构的地区差距进行分解；运用空间面板分位数计量模型实证检验需求结构变动对环境污染治理的直接影响效应，以及需求结构变动通过经济增长的交互作用对环境污染治理产生间接影响效应。研究发现：①我国区域需求结构水平空间分布的地区差距有扩大的趋势，地区间差距是导致我国区域间需求结构水平差异的主要原因。②采用空间面板分位数计量模型研究发现，环境治理技术效率和环境治理动态绩效存在空间依赖性；需求结构越合理、需求结构越高级和经济发展水平越高，对环境治理技术效率和环境治理动态绩效越具有显著的正向作用；需求结构合理化集群越高和需求结构高级化集群越高，对环境治理技术效率越具有显著的正向作用，而经济集聚对环境治理技术效率和环境治理动态绩效产生显著的负向作用。

本文得出的政策启示如下：第一，转变经济发展模式，优化需求结构。在“锦标竞赛”和“晋升竞赛”的双重作用下，“理性”的地方政府表现出“投资饥渴症”，而消费投资呈现不断下降的趋势，在一定程度上导致经济增长陷入低效率的“纳什均衡”陷阱，造成环境质量逐渐恶化。因此，必须大力推进经济增长方式的转变，促进我国需求结构调整和环境污染治理水平。

第二，中国区域间需求结构与环境污染治理间具有空间溢出效应，需要根据区域环境特征转变需求结构。中国环境污染治理呈现明显的“东高西低”特征差别，地方政府通过模仿邻近地区的需求结构模式促进本地区的良性发展，区域需求结构模式逐渐转变为整体协作发展。此外，由于我国环境污染程度有所不同，地方政府应依据自身发展特点，合理确定适当的需求结构发展战略，制定地区发展战略和环境保护政策，以促进区域间环境污染的协同治理。

第三，目前，我国需求结构中消费需求占总需求的比重相对较低，此外，财政功能低效率、收入差距扩大和城乡二元经济等因素抵消了消费需求的“推力”。因此，需要通过完善覆盖到农村的社会保障制度、改善收入不平等状况和推进城市化进程等措施，激发经济增长的消费驱动力，进而提高环境污染治理水平。

4 政府清廉度对地方政府环境治理的影响

近年来，党和国家对生态环保问题的重视程度达到了空前高度，“污染治理力度之大、制度出台频度之密、监管执法尺度之严前所未有”[①]。但是，当前中国环境治理态势依然严峻。《中国生态环境状况公报》显示，2017 年，全国 338 个地级及以上城市 PM2.5 平均浓度为 44$\mu g/m^3$，是世界卫生组织推荐的空气质量标准的 4 倍以上，空气质量达到国家标准的城市占比仅为 27.2%；在全国 109 个监测营养状态的重要湖泊（水库）中，仅有 9 个处于贫营养状态。《中华人民共和国环境保护法》（2014）在总则中明确规定，“地方各级人民政府应当对本行政区域的环境质量负责”。是什么原因导致了在中央高强度的环保压力态势之下，地方环境治理态势依然严峻呢？这固然与中国当前所处的经济发展阶段和环境治理技术性限制有关，但地方政府对环境治理的选择性执行或策略性执行则被认为是环境污染态势严峻的重要原因。国内外的众多研究表明，政府清廉度（腐败）是影响地方政府环境治理决策和治理水平的重要因素（Desai，1997；Ivanova，2011；李后建，2013；李子豪，2016）。而中国环保领域的腐败

① 习近平总书记在 2018 年全国生态环境保护大会上的讲话。

问题也十分突出，中纪委的统计数据显示，2013 年全国环境监管、污染治理、生态修复工程建设等环保领域共查办职务犯罪高达 1290 人；国家审计署对 2011—2012 年 18 个省（区、市）节能环保项目的审计结果显示，348 个项目存在挤占挪用、虚报冒领资金 16.17 亿元。以中央重点查处的陕西秦岭违建别墅破坏生态环境案为例，仅 2014 年 8 月到 2016 年 3 月，西安市就有 137 名干部涉案被追责，其中县处级以上 56 人、厅局级干部 3 人。这充分表明，政府清廉度（以下研究中用“腐败”具体化表示）已经成为制约地方政府环境治理能力提升、阻碍中央环保意志在地方充分贯彻的重要障碍。因此，在中国同时处于“保持惩治腐败高压态势，巩固发展反腐败斗争压倒性胜利”的重要阶段和“生态文明建设正处于压力叠加、负重前行的关键期”的背景下，考察腐败如何影响地方政府环境治理，研究如何通过反腐败来促进地方政府环境治理提升，具有重要现实意义。

4.1 国内外文献评述

现有研究表明，腐败作为“公共权力被用来以违反规则的方式追求个人利益的行为”（Shleifer 和 Vishny，1993），不仅可以通过扭曲社会资源配置来对地区经济社会发展产生影响，也可以通过影响地区经济社会发展模式、扭曲政府环保决策和降低环保执行力度等渠道而对当地自然环境产生影响（Desai，1997; Ivanova，2011; Cole，2007）。整体来看，腐败对环境影响的研究主要分为以下三类：

第一，腐败与环境污染关系的研究。Grossman 和 Krueger（1995）提出的地区经济发展与污染水平关系的环境库兹涅茨曲线（Environment Kuznets Curve，EKC）被认为是环境经济学的重要分析框架，而腐败又是地区经济发展的重要影响因素（Smarzynska 和 Wei，2001）），因此，腐败与环境污染关系的多数研究便基于 EKC 框架展开。一些学者研究侧重于腐败对 EKC 曲线本身的影响，例如，Lopez 和 Mitra（2000）利用博弈模型、Leitao（2010）利用 94 个国家和地区的面板数据、Rehman 等（2012）利用 4 个南亚国家的长面板数据、戴越和范允奇（2015）利用中国省级层面的面板数据分析了腐败对于 EKC 曲线拐点的影响，他们研究认为，地区腐败水平的提升会提高 EKC 曲线的拐点水平，不利于当地环境治理的改进。其他一些学者则基于 EKC 框架构建了腐败—经济增长—环境污染的联立方程框架，重点考察腐败直接对污染物排放以及通过经济增长间接对污染物排放的影响。例如，Welsch（2004）利用 122 个国家和地区的截面数据，Cole（2007）利用 97 个国家和地区的面板数据，李子豪和刘辉煌（2013）、晋盛武和吴娟（2014）均利用中国省区面板数据研究发现，腐败直接增加了污染物的排放，但是腐败可以通过阻碍地区经济发展而在一定程度上抑制污染物增加。

第二，腐败对政府环境治理的影响研究。由于环境领域的腐败行为会对政府的环境治理政策、环保投资和环境规制行为等产生直接影响，部分学者便集中于探讨腐败对政府环境治理的影响。一些研究主要采用案例式的探讨分析，例如，Desai（1997）对部分东南亚国家、Lippe（1999）对东南亚和东欧部分案例分析表明，腐败会扭曲政府的环保政策和环保投资方向；Oliva（2015）对墨西哥城研究发现，至少 9.6% 的旧车主会通过贿赂行为逃避汽车环保监管。也有一些学者采用理论模型探讨和国家层面数据的计量检验分析，例如，Fredriksson 和 Svensson（2003）分析了腐败、政治稳定性与政府环境政策的关系，Wilson 和 Damania（2005）分析了腐败、政治竞争与政府环境政策的关系，Ivanova（2011）利用东欧国家数据分析了腐败对政府实际环境规制力度的影响，Fredriksson 和 Neumayer（2014）利用国家面板数据分析了历史上的腐败对政府当前环保政策的负面影响。国内腐败对政府环境治理影响的研究相对较少，仅有李后建（2013）利用中国省份数据、李子豪（2016）利用省份和地市层面数据，考察了腐败对环境政策执行力度和地区环境规制强度的影响。

第三，腐败对其他因素环境效应影响的调节作用研究。由于腐败问题作为一国经济社会制度等多种因素的综合结果，腐败自身也会对经济社会发展的诸多方面产生影响，一些学者在考虑其他一些因素的环境效应时，也会经常引入腐败的调节作用。例如，外商直接投资（FDI）方面，史青（2013）、李子豪（2016）研究发现，FDI 对中国地区工业环境管制的作用受到地区腐败程度的影响；陈媛媛（2016）则发现，地区腐败水平的提高，会显著加剧 FDI 的环境污染效应。对外贸易方面，Damania 等（2003）利用国家面板数据、阚大学和吕连菊（2015）利用中国省份面板数据研究发现，腐败加剧了对外贸易的环境污染效应。影子经济方面，Biswas 等（2012）、黄寿峰（2016）对国际层面和中国省份层面的研究发现，腐败会加剧影子经济对环境污染的负面影响。除此之外，阚大学和吕连菊（2016）研究发现，要素市场扭曲通过加剧腐败恶化了中国省份工业环境污染物排放；Wang 等（2018）对金砖国家的实证研究发现，伴随着腐败程度提高，收入增长、城镇化等因素带来的碳排放也会显著增加。

综上所述，腐败对环境污染影响方面研究比较丰富且富有成效，但在某些方面有待深入探讨：第一，从研究对象来看，腐败对环境污染、环境规制的研究虽然比较多，但是腐败对地方政府环境治理（尤其是中国地方政府环境治理）直接影响的研究仍然比较少，且研究的系统性较差。考虑到地方政府在中国环境治理体系中的核心地位和作用，腐败对地方政府环境治理影响的研究的不足，一定程度上制约了人们对腐败与中国环境污染关系的深入理解。第二，从研究内容来看，腐败对政府环境治理的研究仍偏重于抽象政府主体的理论探讨以及对政府环境治理的整体性关系的检验，而现实中腐败对政府环境治理的影响更多是对地方政府环保政策制定、环保投资和环境规制执行等方面的具体影响，这就需要用更加微观、系统的研究数据加以考察。第三，从研究机制来看，作为发展中国家，中国地区腐败问题、地方政府环境治理存在较为显著的空间关联性、地区差异性，如何有效地将空间关联性、地区差异性纳入腐败对地方政府环境治理的影响机制加以考察分析，也有待进一步深入研究。

鉴于此，本章利用2003—2015年中国30个省（区、市）和2007—2015年217个地市的面板数据，分别利用动态面板空间计量和动态面板门槛估计方式，较为系统地考察了腐败对中国地方政府环境治理的影响。本章可能的创新之处如下：第一，研究内容方面，本章选择现有研究不甚关注腐败对地方政府环境治理方面进行研究，并结合中国地方经济发展和环境治理的现实提出了一系列理论假说，一定程度上加深了腐败对地方政府环境治理影响机制的认识；第二，研究层面和指标方面，考虑到地区内部政府环境治理的差异和政府环境治理渠道的多元化，本章同时利用中国30个省（区、市）和217个地市的数据，并从环保立法、环保执法和环保投资三个方面对地方政府环境治理水平进行考察，以期更加深入全面地考察腐败对地方政府环境治理的影响；第三，研究方法方面，考虑到中国地区腐败水平、地方政府环境治理的空间关联性和地区异质性，本章同时利用动态面板空间计量和动态面板门槛估计方式考察腐败对地方政府环境治理的影响，希望能够更加客观地考察地区腐败对地方政府环境治理的影响。

4.2 理论机制与研究假说

4.2.1 腐败对地方政府环境治理的空间关联效应

腐败问题作为发展中国家或经济转型国家常见的经济社会问题，不仅存在一定的阶段性特点，在地域空间分布上也存在显著的空间关联效应。

Goel 和 Nelson（2007）对美国州级层面、汪伟等（2013）对中国省级层面的研究发现，由于官员腐败行为的主观心理攀比示范以及地方官员为了资源争夺而采取策略性腐败，地区腐败水平之间存在显著的“传染性”和策略性特点。另外，当前不断强化环保政策和环保巡视制度充分体现了中央政府对于环境治理的重视，但是地方政府与中央政府的目标函数并非完全一致，在各级政府不断强化的“经济锦标赛”和“为增长而竞争”的大背景下，地方政府不同程度地存在为了“金山银山”而牺牲“绿水青山”的环境治理放松现象（李子豪和毛军，2018），而地方政府的环保政策和执行力度作为地区之间争夺资源流动的重要途径，也已经成为地方政府之间策略性竞争的一种重要手段（张华，2016）。因此，由于地区腐败水平和地方政府环境治理均存在显著的地区空间关联，腐败对地方政府环境治理的影响也会存在一定程度的空间关联效应。

首先，腐败对本地政府环境治理的直接影响方面。由众多现有研究可知，本地腐败上升，会通过扭曲环境治理政策和环保投资方向、降低环境政策执行力等方式降低本地政府环境治理（Desai，1997；Ivanova，2011；李后建，2013；李子豪，2016）。其次，邻近地区的腐败问题也会通过关联效应而对本地区政府环境治理产生间接影响。第一，邻近地区腐败问题的恶化，尤其是环保领域的腐败加剧，会通过邻近地区频繁的人员和资本流动，恶化本地企业和政府环保领域的正常投资治理（陈刚，2013）；而且，邻近地区环保官员的腐败问题也会对本地环保官员产生显著的负面学习示范，本地环保官员也会通过相互攀比和示范学习来加剧本地区的环保执法（汪伟等，2013）。因此，通过环保领域的腐败传染，邻近地区的腐败会恶化本地的政府环境治理水平。第二，邻近地区腐败水平的恶化，也会通过加剧地方政府之间的环境治理的政策性博弈而恶化本地区政府环境治理水平。如前文所述，伴随邻近地区腐败水平的上升，邻近地区的政府环境治理水平也会有所下降。而在中国现有地方政府“为增长而竞争”博弈的基本框架下，本地区为了避免资本以及各种资源为邻近地区弱化的环境治理而吸引流失，必然会采取竞争性的环境治理的“逐底竞争”（李子豪和毛军，2018）。同时，邻近地区政府环境治理弱化也是一种重要的负面信息传递，在邻近地区政府受到本地环保腐败激励而降低当地环境治理水平却并未受到中央政府的显著约束时，本地政府也会策略性地降低环境治理努力（张华，2016）。基于以上分析，本章提出以下研究假说。

假说 1：本地和临近地区腐败水平上升，会直接或间接地降低本地政府环境治理水平。

4.2.2 腐败对地方政府环境治理的门槛效应

现有多数研究认为，腐败会加剧地区环境污染，但是，伴随地区经济发展水平、社会制度环境的差异，腐败对地区环境污染的影响方向，也会存在一定的差异。比如，阚大学和吕连菊（2016）发现，要素市场扭曲通过腐败渠道恶化环境污染的效应在中西部地区更加显著；郑展鹏和许培培（2018）的研究发现，腐败对东部地区的碳排放并未产生显著的负面影响；Zhang 等（2016）对亚太国家的研究发现，腐败对高收入国家碳排放负面效应更小；刘凤满和李昕耀（2018）研究发现，产业转移通过腐败渠道恶化地区环境在中西部地区更加显著。因此，本章认为，腐败对地方政府治理的影响也会存在一定的门槛效应，即当地区经济发展水平和社会制度环境存在较大差异时，腐败对地方政府环境治理的影响也会有所差异。

地区收入水平差异的影响。首先，伴随着地区收入水平的提升，地区经济社会制度的规范性会越强，政府的环境规制水平也会越高，腐败通过贿赂效应来降低当地地方政府环境治理的可能性也会越低（刘凤满和李昕耀，2018）。其次，Grossman 和 Krueger（1995）的研究也表明，伴随收入水平的提升，民众对绿色型的环保需求偏好会越强，政府在环境治理方面的压力也会越大，腐败通过各种渠道对地方政府环境治理的负面影响也会有所削弱。最后，伴随着地区收入水平的提高，地方政府“为增长而竞争”的压力也就会有所削弱，地方政府通过放松环境规制执行或者环境政策的“逐底竞争”而吸引资源流动的积极性也会有所弱化（李子豪和毛军，2018），地方政府与企业之间“政企合谋”式的环保腐败也会降低。因此，基于以上分析，本章提出以下研究假说。

假说 2.1：伴随着地区收入水平的提高，腐败对地方政府环境治理的负面作用会有所弱化。

地区人力资本水平的影响。一方面，Lovely 和 Popp（2011）研究发现，地方政府采取的环境标准水平很大程度上取决于当地环境技术水平，只要当地环保技术较高时，当地才会采用较高的环境规制标准。伴随着地区人力资本水平的提升，地区无论是自发性的技术水平还是吸引外资的技术溢出效果，都会有显著提升（李子豪，2016）。这就意味着，当地区人力资本水平较高时，地方政府的环境规制标准也会比较高，腐败对地方政府环境治理的负面作用也会有所弱化。另一方面，现有研究表明，伴随着地区人力资本水平的提升，公众的环保参与程度、民众的环保意识都会有所增强（郑思齐等，2013），地区不法企业通过环保腐败来规避环保执法的压力和难度都会有所上升，腐败对当地环境治理的负面影响可能会有所降低。因此，基于以上分析，本章提出以下研究假说。

假说 2.2：伴随着地区人力资本的提高，腐败对地方政府环境治理的负面作用会有所弱化。

4.3 研究设计

4.3.1 基本框架和变量说明

为对以上 3 个理论假说进行检验，借鉴郑思齐等（2013）、李真和张梦（2016）的研究框架，本章基本的计量模型框架如下：

$$gov_{i,t}=\beta_0+\beta_1 ey_{i,t}+\beta_2 ey^2_{i,t}+\beta_3 s_{i,t}+\beta_4 cor_{i,t}+\beta_5 fdi_{i,t}+\beta_6 pub_{i,t}+\beta_7 h_{i,t}+\varepsilon_{i,t} \tag{4-1}$$

其中，i、t 分别表示地区、年份，β_0 表示常数，$\beta_1 \sim \beta_7$ 表示各影响因素估计系数，ε 表示随机扰动项。

gov 表示地方政府环境治理水平。由于地方政府环境治理方式比较多样，借鉴李真和张梦（2016）的做法，用各地区政府每年颁布的环境保护有关的法律法规数量表示地方政府环保立法（*law*）、用各地区单位环境保护机构工作人员的环保案件查处数表示地方政府环保执法（*enf*）、用各地区政府环境保护支出占一般公共预算支出的比重表示地方政府环保投资（*inv*）。环境保护法律法规方面并无系统的官方统计，本章利用《法律之星数据库》，手工统计了省级人大和政府出台的环保法规数量（曾婧婧和胡锦绣，2015）。地市层面，由于数据的可得性，本章仅以政府环境保护支出占当地一般公共预算支出的比重表示地方政府环境治理水平（*INV*）。

ey 为各地区的经济发展水平，本章用省（区、市）和地市的人均 GDP 来衡量，分别表示为 *ey* 和 *EY*。环境经济学领域的经典研究表明，经济发展水平是影响地方政府环境治理的主要因素（Grossman 和 Krueger，1995）。这是因为，经济发展水平是地方政府环保财政支持的重要源泉，同时地方经济发展水平也决定了公众对环境质量和环境政策的需求偏好。

s 表示各地区产业结构，本章用省（区、市）和地市的第二产业增加值占当地 GDP 的比重衡量，分别表示为 *s* 和 *S*。众多研究表明，工业化

进程的加快是中国地区环境污染态势严峻的主要诱因；同时，伴随地区产业结构调整，地区就业、经济产出和财政收入等地方政府考核因素也会发生较大变化，这也会对地方政府环境治理政策和强度产生一定影响（徐志伟，2016）。

cor 为地区腐败水平。省级层面，本章用多数国内研究采用的地区每10万人口的腐败立案数表示各省（区、市）腐败水平（*cor*1）；城市层面，则借鉴李子豪（2016）的做法，用手工汇总得到各地级城市审计违规上缴财政金额占地市 GDP 比重来衡量地市腐败水平（*COR*）。

fdi 为地区外资水平。地区外资企业能够通过环境治理技术和环保制度规范溢出而对投资地环境治理产生显著影响，地区外资水平也会导致地方政府在环保政策方面竞争，本章将 FDI 引入解释变量。同时，为了更加客观地考察外资影响，借鉴陈国亮和陈建军（2012）外资存量的计算方法，省（区、市）和地市的存量初始年份分别设计为 1990 年和 2000 年，本章估算了研究期内各省（区、市）和地市的 FDI 存量，并用 FDI 存量占地区当年 GDP 的比重作为 FDI 指标，分别表示为 *fdi* 和 *FDI*。

pub 为地区财政分权水平，借鉴李子豪（2017）的做法，本章用地方人均财政支出与中央人均财政支出之比衡量，省（区、市）和地市层面指标分别为 *pub* 和 *PUB*。研究表明，由于财政分权决定了地方政府的财力基础和地方政府之间的竞争态势，也必然会对地方政府的环保支出、环境治理等方面产生显著影响（孔令池等，2017）。

h 为地区人力资本。一般来说，人力资本水平的高低会对地区环境技术水平、公众环保参与意识和腐败的监督等方面产生影响，也是地方政府环境治理的重要影响因素（郑思齐等，2013；李子豪，2016）。借鉴国内多数研究的做法，省级层面用各地区全部人口的平均受教育年限表示 *h*；考虑到城市层面数据的可得性，本章城市人力资本用各城市中学、大学在

校生人数占城市总人口的比重表示 H。

4.3.2 计量模型和方法

由于中国地方政府环境治理很大程度上也是地方政府间资源争夺的重要策略手段，且地区之间的腐败程度也存在比较显著的“传染性”和策略性特点；同时，为了更好地对理论假说 1 进行考察，计量估计时必须考虑地区之间的空间关联效应。考虑到地方环境治理本身由于技术性和制度性原因可能存在的滞后性影响以及地区政府环境治理的相互影响，本章在计量模型中引入环境治理的时间和空间滞后项；同时，为考察邻近地区腐败对本地环境治理以及地区间经济增长竞争等因素可能存在的空间关联，模型中引入了腐败和相关变量的空间滞后项。空间关联效应的估计模型如下：

$$gov_{i,t} = \varphi_0 + \varphi_1 gov_{i,t-1} + \varphi_2 W_{i,t} gov_{i,t} + \varphi_3 ey_{i,t} + \varphi_4 s_{i,t} + \varphi_5 cor_{i,t} + \varphi_6 W_{i,t} cor_{i,t} + \varphi_7 fdi_{i,t} + \varphi_8 W_{i,t} fdi_{i,t} + \varphi_9 pub_{i,t} + \varphi_{10} h_{i,t} + \varphi_{11} W_{i,t} pub_{i,t} + \varphi_{12} W_{i,t} h_{i,t} + \varphi_{13} W_{i,t} s_{i,t} + \sigma_{i,t} \tag{4-2}$$

其中，$W_{i,t}$ 为 $N \times N$ 维空间加权矩阵，包含了地理、经济和混合三种权重类型。地理权重矩阵 $W_d = 1 / d_{ab}^2$，$a \neq b$，否则为 0；经济权重矩阵 $W_e = 1/|gdp_a - gdp_b|$，$a \neq b$，否则为 0；混合空间权重矩阵 $W_m = W_d \cdot W_e$。$gov_{i,t-1}$、$W_{i,t} gov_{i,t}$ 分别为地方政府环境治理的时间和空间滞后项，$W_{i,t} cor_{i,t}$、$W_{i,t} fdi_{i,t}$ 分别表示腐败水平和外商投资的空间滞后项。

由于在空间计量模型当中，地方政府环境治理不仅受到本地区当期因素的影响，还受到自变量时空滞后因素的影响以及因变量时空滞后因素的影响，所以本章采用基于动态空间面板估计的动态空间杜宾模型（Dynamic Spatial Durbin Model，DSDM）进行估计，以更好地考察相关因素的影响。

同时，本章理论假说 2 提出，腐败对地方政府环境治理的影响可能存在人均收入和人力资本门槛效应影响。为了考察此种可能存在的非线性影响，借鉴 Hansen（1999）的门槛回归方法，本章分别将人均收入和人力资本门槛值作为未知变量引入式（4–1）中，构建了腐败对地方政府环境治理影响的分段函数，并对人均收入、人力资本的门槛值和门槛效应进行检验和估计。在假设存在单门槛效应的情况下，可得到相应的估计模型如下：

$$gov_{i,t}=\mu_0+\mu_1 gov_{i,t-1}+\mu_2 ey_{i,t}+\mu_3 s_{i,t}+\mu_4 cor_{i,t} I_{i,t}(th\leqslant\theta)+\mu_5 cor_{i,t} I_{i,t}(th>\theta)+\mu_6 fdi_{i,t}+\mu_7 pub_{i,t}+\mu_8 h_{i,t}+\pi_{i,t} \quad (4\text{–}3)$$

其中，th 是门槛变量，即人均收入和人力资本，θ 为具体的人均收入、人力资本门槛值，I（·）为相应的指示函数。同时，多门槛的估计方程可由式（4–3）扩展得到。

与一般按照人均收入或人力资本分区域研究相比，面板门槛估计主要从数据本身特征出发进行内生分组回归，能够更好地排除外生分组的主观偏误影响。同时，考虑到本章政府环境治理自身影响的动态依赖和解释变量存在滞后性影响，借鉴 Caner 和 Hansen（2004）、Kremer 等（2013）带有工具变量对内生解释变量和外生门槛变量的动态面板门槛估计方法，本章采用动态面板门槛估计模型进行实证考察。在门槛估计中，有两个重要问题需要考虑：第一，对门槛变量具体估计值 th（本章为人均收入和人力资本）和重要考察变量（本章为腐败）的估计，这是通过最小化假定门槛数下的普通最小二乘估计的残差值得到；第二，对门槛显著性与否，以及门槛置信区间的估计，主要通过相应的 F 检验和似然比检验统计检验完成。

4.3.3 数据来源和统计性描述

受数据可得性限制，本研究以 2003—2015 年中国（不含西藏、重庆和港澳台）的 30 个省（市、区）和 2007—2015 年中国 217 个地级城市为研究对象[①]。所有涉及价格因素数据均以2000年为基期进行不变价格处理。其中，省级政府环境治理数据主要源自《中国环境年鉴》《中国环境统计年鉴》和《中国统计年鉴》，地市政府环境治理数据主要由部分省（区、市）《地方财政统计年鉴》、部分地市的《统计年鉴》和财政局网站的《全市一般公共预算支出公示》经作者手工整理得到；腐败数据，省级层面来源于《中国检察年鉴》、各省级检察院官方网站中《人民检察院年度工作报告》，城市层面来源于《中国审计年鉴》，并经作者手工整理得到；其他数据源自《中国统计年鉴》《中国外商直接投资发展报告》和《中国人口统计年鉴》。表4–1分别显示了省级和地市层面的变量统计性描述。由表4–1可知，中国省级和地市层面的环境治理、腐败水平等存在较大差异，显示了本章从地区层面考察腐败对地方政府环境治理的必要性；同时，地区人均收入、人力资本也存在一定差异，显示了从地区异质性门槛角度考察腐败对地方政府环境治理的必要性。

表4–1 变量的统计性描述

变量	省级层面				地市层面			
	均值	最小值	最大值	标准差	均值	最小值	最大值	标准差
Law	27.1	0	208	30.69	—	—	—	—
Enf	0.58	0.01	7.99	0.89	—	—	—	—
inv/INV	7.03	0.84	36.14	7.04	3.01	0.13	31.82	2.23
ey/EY	1.18	0.28	3.18	0.65	1.39	0.27	8.37	0.87
s/S	47.4	19.74	61.5	7.8	50.73	15.17	90.97	10.45
Cor	2.8	1.15	6.1	0.79				
COR	—	—	—	—	18.91	0	1638.22	52.69
fdi/FDI	15.3	0.79	78.83	13.59	26.66	0	168.35	28.49
pub/PUB	0.8	0.56	0.94	0.08	0.78	0.46	0.98	0.09
h/H	6.83	2.93	11.46	1.41	1.24	0.41	4.48	0.51

① 地方政府环境治理投资受到数据可得性限制，研究时段为2007—2015年。

4.4 计量估计与分析

4.4.1 基于空间关联效应的估计和分析

为对本章的理论假说 1 进行验证，表 4–2 给出了基于空间杜宾效应模型，分别采用静态和动态估计方法考察的，地区腐败程度对环保执法（*enf*）、环保立法（*iaw*）和环保支出（*inv*）的空间关联影响结果。由表 4–2 可知，相比静态估计模型，动态估计模型的拟合度更高，本章主要以动态估计结果解释分析。此处主要考察本地腐败（*cor*）和邻近地区腐败（*Wcor*）对本地政府环境治理的影响：本地腐败（*cor*）影响方面，*cor* 系数均为负值，且均通过统计显著性检验，这说明腐败问题不利于本地政府环境治理水平的提升；研究发现，腐败对地方政府环保执法的负面影响更为显著，这说明地区腐败主要通过恶化地区环保执法环境和行为来降低政府环境治理的水平。这可能是，环保立法和环保投资更多是地方政府相关机关的政策性、集体性行为，腐败问题的影响相对较弱，而环保执法的选择性、个案性更容易受到企业或利益相关方的寻租行为影响（Desai, 1997）。邻近地区腐败（*Wcor*）影响方面，*Wcor* 系数均为负值，但腐败对环保支出的影响系数未通过显著性检验，说明邻近地区腐败可能主要通过环保执法和环保立法降低的渠道来降低本地政府环境治理水平。这可能是，地方政府环保投资加大也会为相关领域寻租提供一定空间（李真和张梦，2016），邻近地区腐败提升对本地政府环境治理的影响可能并不确定；而在地方政府之间资源和经济竞争日趋激烈的背景下，邻近地区腐败提升带来的环保执法环境恶化和环保政策立法减弱，则会通过地区间的腐败传染和政府间的环保政策博弈来降低本地政府环境治理水平（汪伟等，2013；张华，2016）。

表 4–2 空间溢出效应估计

模型	环保执法（enf）		环保立法（law）		环保支出（inv）	
变量	SDM	DSDM	SDM	DSDM	SDM	DSDM
gov_{t-1}	—	0.221***	—	0.259***	—	0.153***
	—	（13.83）	—	（13.77）	—	（5.08）
cor	-0.099**	-0.107***	-0.532	-0.581*	-0.102	-0.137*
	（-2.51）	（-2.92）	（-1.54）	（-1.83）	（-1.61）	（-1.79）
ey	-0.706***	-0.744***	-12.907	-9.852	-3.929***	-3.156***
	（-3.94）	（-4.09）	（-1.37）	（-1.15）	（-4.03）	（-3.95）
fdi	-0.415*	-0.444*	-7.494*	-7.645*	-11.210	-13.084
	（-1.68）	（-1.79）	（-1.71）	（-1.95）	（-0.95）	（-1.48）
h	0.037**	0.032**	9.513*	9.534*	1.664***	1.823***
	（2.32）	（2.11）	（1.66）	（1.69）	（3.23）	（3.51）
pub	-2.863**	-2.814**	49.352	40.012	-1.111**	-1.241**
	（-2.10）	（-2.02）	（1.57）	（1.41）	（-2.30）	（-2.41）
s	-0.017*	-0.016*	0.407	0.374	0.040	0.042
	（-1.84）	（-1.69）	（1.28）	（1.14）	（1.31）	（1.34）
Wcor	-0.185***	-0.141***	-2.203*	-2.210*	-0.114	-0.120
	（-2.84）	（-2.72）	（-1.69）	（-1.75）	（-0.32）	（-0.35）
Wey	0.395	0.374	10.966	8.521	5.064**	3.821**
	（1.24）	（1.13）	（1.64）	（1.45）	（2.44）	（2.01）
Wfdi	-1.030*	-1.022*	-66.159*	-60.121	-8.004	-8.134
	（-1.72）	（-1.69）	（-1.67）	（-1.60）	（-1.51）	（-1.55）
Wh	-0.011**	-0.009*	-14.260*	-12.020*	-1.421*	-1.105*
	（-2.07）	（-1.96）	（-1.81）	（-1.69）	（-1.81）	（-1.72）
Wpub	-2.666*	-2.510*	-60.850	-52.130	-29.521**	-38.354***
	（-1.84）	（-1.78）	（-0.70）	（-0.45）	（-2.65）	（-3.04）
Ws	-0.006*	-0.005*	-0.044	-0.028	-0.087	-0.079
	（-1.73）	（-1.68）	（-0.11）	（-0.09）	（-1.46）	（-1.07）

续表

模型	环保执法（enf）		环保立法（law）		环保支出（inv）	
变量	SDM	DSDM	SDM	DSDM	SDM	DSDM
ρ	−0.160*	−0.158*	1.013*	1.021*	0.177***	0.183***
	（−1.73）	（−1.72）	（1.88）	（1.93）	（6.54）	（6.80）
R^2	0.558	0.565	0.512	0.529	0.412	0.447
Log L	−137.152	−148.220	−187.624	−193.458	−472.310	−494.465

注：括号内的数值表示相应估计系数的 t 统计值，***、**、* 分别表示在 1%、5%、10% 的显著性水平。此处的空间权重为地理与经济权重嵌套的混合权重矩阵。

其他因素影响方面，政府环境治理的时间滞后项均显著为正，说明政府环境治理本身存在较强的时间依赖性。由 *ey* 和 *Wey* 估计系数可知，人均收入增长并未带来当地政府环境治理增加，这是因为，当前中国的经济发展模式仍以粗放型为主，经济发展可能并未带来环保执法和环保立法的有效增加，对环境治理的投资支出也相对不足。邻近地区经济发展促进了本地政府环境治理水平的提升；这可能是，在多数地区经济发展仍然相对粗放的背景下，邻近地区经济发展可能是以更多的资源环境消耗为代价实现的，这会通过污染的负外部性加大本地政府所面临的环境治理压力，间接推动本地政府环境治理投资的加大。人力资本（*h*）的估计系数均显著为正，说明人力资本对政府环境治理提升有重要促进作用；从显著性来看，人力资本对环保执法和环保投资的正面影响更加显著，这可能是，人力资本提高主要通过民众环保意识提升来对政府环保执法和环保投资发挥积极作用。*Wh* 的估计系数则显著为负，这可能是，邻近地区较高的人力资本一定程度上限制了污染密集型企业入驻和环保腐败的发生，而邻近地区环境质量的改善则会通过正向溢出来降低本地政府的环境治理压力。地区产业结构（*s*）的影响，仅有 *enf* 方程系数显著为负，而其他方程均为正值，与理论预期存在一定差异。这可能是，地区第二产业增加值的提升增加了环保执法机构的执行难度，但同时为地方政府增加环保投资提供了财力支撑，也给当地政府环保立法带来了一定压力。而 *Ws* 的估计系数均为负值，这意味着邻近地区工业的发展可能刺激了本地政府策略性降低的环境治理，以更好地吸引资本要素的流入（李子豪和毛军，2018；刘凤满和李昕耀，2018）；只有 *enf* 方程中 *Ws* 系数通过显著性检验，这说明地方政府之间的环境治理“逐底竞争”可能主要通过环保执法降低进行。*fdi*、*Wfdi* 估计系数均为负值，一定程度上印证了地方政府存在为吸引外资流入而存在的“逐底竞争”；从显著性来看，环保投资方程中外资系数均未通过显著性检验。这可能是，当前地方政府间环境政策的“逐底竞争”主要表现在环保执法和环保立法方面，而环保投资减弱在外资竞争方面并无有效的吸引力。财政分权影响方面，环保执法和环保支出方程中 *pub* 和 *Wpub* 系数均显著为负，与理论预期基本一致；但环保立法方程中财政分权系数均为正且通过显著性检验。这可能是，地方财政分权程度提高弱化了地方政府对环保领域的投资财力，却增加了地方政府通过弱化环保执法来进行资源和税收竞争的动力（李子豪和毛军，2018；陈刚，2013）。而在中央政府环保政策举措不断加强的大背景下，地方政府财力对环保立法方面影响并不直接且相对较弱。

4.4.2 基于门槛效应的估计和分析

表 4-3 门槛变量的显著性检验和置信区间

门槛类	被解释变量	门槛数	F 值	10%	5%	1%	门槛值	95% 置信区间
人均收入水平（ey）	环保执法（enf）	单一	10.930**	6.056	11.169	43.391	2.660	（2.100，2.760）
		双重	8.083*	5.236	12.763	37.497	1.710	（1.540，1.770）
		三重	7.044	2.822	9.170	32.900		
	环保立法（law）	单一	12.915**	7.753	10.072	16.391	1.090	（1.000，2.770）
		双重	3.920*	3.799	5.358	10.010	0.950	（0.920，0.990）
		三重	0.875	2.086	3.431	5.899		

续表

门槛类	被解释变量	门槛数	F 值	10%	5%	1%	门槛值	95% 置信区间
	环保支出（inv）	单一	13.463***	7.258	10.204	18.633	2.780	（2.780，2.860）
		双重	7.169*	6.598	8.938	14.030	1.100	（0.920，2.770）
		三重	1.017	3.574	5.003	10.151		
人力资本水平（h）	环保执法（enf）	单一	44.465**	8.367	35.067	80.505	10.450	（10.440，10.480）
		双重	13.867**	4.469	8.439	42.514	9.460	（6.900，9.840）
		三重	5.338	2.584	3.776	7.206		
	环保立法（law）	单一	11.265***	4.856	6.544	11.817	9.340	（9.340，10.970）
		双重	6.256*	4.539	6.386	9.960	8.700	（8.560，9.330）
		三重	3.181	3.031	4.522	8.979		
	环保支出（inv）	单一	14.957**	7.701	11.637	20.020	10.840	（10.840，11.030）
		双重	11.484**	7.576	10.774	17.217	7.630	（7.630，8.280）
		三重	8.183	6.448	9.678	17.101		

注：表中的 F 值和 10%、5%、1% 的临界值均为采用“自抽样”300 次得到的结果；***、** 和 * 分别表示在 1%、5% 和 10% 水平上显著。

表 4–3 给出了以模型（4–3）为基础，采用动态面板门槛估计检验得到的，省级层面腐败对地方政府环境治理的人均收入、人力资本门槛估计的门槛效应显著性检验和具体门槛值估值。由表 4–3 可知，无论采用何种政府环境治理变量，腐败对地方政府环境治理的影响均存在双重的人均收入、人力资本门槛效应，且所有门槛效应均至少在 5% 显著性水平上通过 F 检验。

表 4–4 显示了人均收入门槛效应的估计结果。表 4–4 中 AR（1）、AR（2）和 Sargan 等检验值显示，本章的工具变量选取是比较合适的。政府环境治理同样存在较为显著的动态依赖性，外商投资、人力资本、产业结构和财政分权等变量对地方政府环境治理的影响系数与表 4–2 类似，此处不再赘述。表 4–4 重点关注不同收入水平下，腐败对政府环境治理的影响差异。环保执法方程中，当 $ey \leqslant 1.710$ 万元、1.710 万元 $< ey \leqslant 2.660$ 万元时，

cor 系数均显著为负，且系数绝对值有所减弱；而当 *ey* >2.660 万元时，*cor* 系数虽为负值却未通过显著性检验。在环保立法方程中，当 *ey* ≤ 0.950 万元、0.950 万元 < *ey* ≤ 1.090 万元时，*cor* 系数均显著为负；而当 *ey*>1.090 万元时，*cor* 系数虽为负值却未通过显著性检验。在环保投资方程中，当 *ey* ≤ 1.100 万元、1.100 万元 <*ey* ≤ 2.780 万元时，*cor* 系数均显著为负；而当 *ey*>2.780 万元时，*cor* 系数为正却未通过显著性检验。

表 4–4　人均收入门槛效应的估计

	环保执法（enf）			环保立法（law）			环保投资（inv）		
区间	（0，1.710）	（1.710，2.660）	（2.660，+∞）	（0，0.950）	（0.950，1.090）	（1.090，+∞）	（0，1.100）	（1.100，2.780）	（2.780，+∞）
gov_{it-1}	1.520***	1.390***	1.488***	0.808***	0.819***	0.826***	0.441***	0.434***	0.438***
	（5.49）	（5.06）	（5.46）	（9.96）	（9.97）	（10.07）	（4.62）	（4.61）	（4.65）
cor	−0.439***	−0.114**	−0.059	−1.724*	−4.568*	−0.437	−1.111***	−0.401*	0.085
	（−3.49）	（−2.08）	（−0.54）	（−1.77）	（−1.86）	（−0.17）	（−2.91）	（−1.97）	（0.33）
fdi	−2.546***	−2.219***	−2.537***	−60.889**	−64.722**	−63.555**	−0.559	−0.885	−0.991
	（−3.75）	（−3.37）	（−3.86）	（−2.38）	（−2.49）	（−2.45）	（−0.26）	（−0.32）	（−0.46）
h	0.052**	0.053**	0.049**	8.681*	8.942*	9.045*	1.791**	1.806**	1.788**
	（2.41）	（2.39）	（2.42）	（1.71）	（1.69）	（1.75）	（2.57）	（2.35）	（2.44）
s	−0.017**	−0.016**	−0.017**	0.224	0.235	0.232	0.013	0.011	0.011
	（−2.20）	（−2.08）	（−2.26）	（0.81）	（0.91）	（0.87）	（0.44）	（0.30）	（0.30）
pub	−4.964***	−4.897***	−4.916***	−47.213	−48.564	−45.952	−36.192***	−35.197***	−37.528***
	（−4.84）	（−4.75）	（−4.79）	（−0.74）	（−0.91）	（−0.69）	（−4.19）	（−4.13）	（−4.52）
AR（1）	1.299	1.300	1.321	−3.424	−3.450	−3.562	−1.275	−1.286	−1.321
	[0.000]	[0.000]	[0.000]	[0.000]	[0.000]	[0.000]	[0.000]	[0.000]	[0.000]
AR（2）	0.749	0.752	0.760	−0.217	−0.233	−0.236	0.625	0.637	0.647
	[0.454]	[0.460]	[0.471]	[0.828]	[0.831]	[0.842]	[0.532]	[0.540]	[0.551]
Sargan	24.49	24.803	25.025	20.915	20.963	21.203	24.744	20.963	21.203
	[1.000]	[1.000]	[1.000]	[1.000]	[1.000]	[1.000]	[0.979]	[0.985]	[0.988]

注：（　）内是参数的 t 值，***、**、* 分别表示 t 检验值在 1%、5%、10% 统计性水平上显著。AR（1）、AR（2）和 Sargan 检验系数 [ ] 内是 p 值。下同。

综合以上结果可以发现，当人均收入比较低时，腐败显著地降低了地方政府环境治理水平；而当地区人均收入达到较高水平时，腐败对政府环境治理的负面影响却不甚明显，这与假说 2.1 的理论预期基本一致，说明腐败对地区环境治理存在比较显著的人均收入门槛效应。这是因为，伴随着地区收入水平的提升，地方公众的环保需求会更加强烈，地方政府的环境规制水平会更高，政府通过环境政策进行资源竞争的需求会更加弱化，腐败对地方政府环境治理的负面影响也会显著减弱（Grossman 和 Krueger，1995；刘凤满和李昕耀，2018）。通过对具体的人均收入门槛值分析发现，以腐败对政府环境治理负面影响不再显著的最高人均收入门槛值 2.780 万元（环保投资方程中）为基准，2015 年仅有北京和上海越过这一水平。这意味着，收入门槛效应下，腐败对中国多数地区政府的环境治理仍存在比较显著的负面影响。

表 4–5　人力资本门槛效应的估计

	环保执法（enf）			环保立法（law）			环保投资（inv）		
区间	（0，9.340）	（9.340，10.450）	（10.450，+ ∞）	（0，8.700）	（8.700，9.340）	（9.340，+ ∞）	（0，7.630）	（7.630，10.840）	（10.840，+ ∞）
gov_{it-1}	0.917***	0.947***	0.974***	0.693***	0.712***	0.722***	0.450***	0.400***	0.357***
	（4.33）	（4.54）	（4.70）	（9.99）	（10.12）	（10.30）	（4.72）	（4.26）	（3.80）
cor	–0.675***	–0.254***	0.079	–2.365***	–1.739**	–0.607	–1.891***	–0.649*	0.012
	（–4.69）	（–3.59）	（1.51）	（–3.02）	（–2.63）	（–0.27）	（–3.27）	（–1.88）	（0.68）
ey	–0.751***	–0.724***	–0.765***	–10.612	–11.052	–10.852	–9.461***	–9.574***	–9.661***
	（–4.29）	（–4.15）	（–4.37）	（–1.36）	（–1.40）	（–1.38）	（–5.71）	（–5.84）	（–5.88）
fdi	–1.092*	–1.138**	–1.156**	–20.559*	–27.183**	–30.062**	–0.589	–1.556	–0.942
	（–1.97）	（–2.09）	（–2.14）	（–1.87）	（–1.93）	（–2.08）	（–0.14）	（–0.62）	（–0.24）
s	–0.015*	–0.016*	–0.016*	0.242	0.239	0.232	0.015	0.016	0.016
	（–1.82）	（–1.80）	（–1.81）	（1.18）	（1.16）	（1.13）	（0.69）	（0.79）	（0.77）
pub	–3.852***	–3.854***	–3.840***	–63.154	–65.307	–65.516	–28.641***	–29.003***	–28.151***
	（–5.16）	（–5.19）	（–5.11）	（–1.16）	（–1.24）	（–1.27）	（–7.54）	（–7.76）	（–7.09）

续表

	环保执法（enf）			环保立法（law）			环保投资（inv）		
AR（1）	1.256	1.274	1.288	−3.608	−3.641	−3.71	−1.233	−1.263	−1.27
	[0.000]	[0.000]	[0.000]	[0.000]	[0.000]	[0.000]	[0.000]	[0.000]	[0.000]
AR（2）	0.758	0.762	0.769	−0.237	−0.239	−0.245	−0.546	−0.563	−0.574
	[0.449]	[0.452]	[0.455]	[0.813]	[0.825]	[0.854]	[0.585]	[0.592]	[0.602]
Sargan	23.055	23.421	23.896	25.269	25.852	26.321	26.289	26.352	26.51
	[1.000]	[1.000]	[1.000]	[1.000]	[1.000]	[1.000]	[0.966]	[0.969]	[0.972]

表 4–5 显示了人力资本门槛效应的估计结果。表 4–5 重点关注不同人力资本水平下，腐败对政府环境治理的影响差异。在环保执法方程中，当 $h \leqslant 9.340$ 年、9.340 年 $<h \leqslant 10.450$ 年时，*cor* 系数均显著为负；而当 $h >10.450$ 年时，*cor* 系数为正值（未通过显著性检验）。环保立法方程中，当 $h \leqslant 8.700$ 年、8.700 年 $<h \leqslant 9.340$ 年时，*cor* 系数均显著为负；而当 $h>9.340$ 年时，*cor* 系数为负却未通过显著性检验。环保投资方程中，当 $h \leqslant 7.630$ 年、7.630 年 $<h \leqslant 10.840$ 年时，*cor* 系数均显著为负；而当 $h>10.840$ 年时，*cor* 系数为正（未通过显著性检验）。综合上述结果可以发现，当人力资本水平比较低时，腐败显著地降低了地方政府环境治理水平；而当人力资本达到较高水平时，腐败对政府环境治理的负面影响却不甚明显，这与假说 2.2 的理论预期基本一致，说明腐败对地区环境治理存在比较显著的人力资本门槛效应。这是因为，伴随地区人力资本的提升，地区环境规制标准、公众环保监督的水平都会显著提升（郑思齐等，2013；李子豪，2016），腐败对政府环境治理的负面影响也会显著削弱。通过对具体的人力资本门槛值分析发现，以腐败对政府环境治理负面影响不再显著的最高人力资本门槛值 10.840 年（环保投资方程中）为基准，在 2015 年各省（区、市）中仅有北京、天津和上海超过这一水平。这意味着，人力资本门槛效应下，腐败对中国多数地区政府的环境治理仍存在比较显著的负面影响。

4.4.3 城市层面的稳健性检验

以上研究已经比较系统地验证了本章的理论假说，即腐败对地方政府环境治理存在空间关联效应和门槛效应。但是，省（区、市）内部的腐败程度和政府的环境治理水平也存在一定差异，地市层面的数据或许能够更好地考察空间关联效应的影响；同时，省级层面的腐败数据主要是利用腐败立案数据衡量，腐败案件的经济社会影响比较难以客观衡量。因此，此部分本章以 2007—2015 年 217 个地级城市为研究对象，以各城市审计违规上缴财政金额占地市 GDP 比重来衡量地市腐败水平，对本章的实证结果进行稳健性检验。表 4–6 显示了地市层面的稳健性检验估计结果，其中，左边三列分别是采用地理权重、经济权重和混合权重对空间关联效应的检验；右边部分则是对人均收入门槛和人力资本门槛效应的考察。由空间关联效应估计可知，腐败对本地政府环境治理有显著的负面作用，邻近地区的腐败也一定程度上降低了本地政府环境治理水平，再次验证了理论假说 1 的存在。人均收入门槛效应估计发现，当地区人均收入高于 3.095 万元以后，腐败对当地政府环境治理的负面影响不再显著；人力资本门槛效应估计发现，当地区人力资本高于 3.160 年以后，腐败对政府环境治理不再存在负面影响，这一结果也再次验证了理论假说 2.1 和 2.2。表 4–6 中其他变量的估计结果整体与省级层面无较大变化，也说明了实证结果的稳健性。

表 4–6 地市层面的稳健性检验

变量	地理权重	经济权重	混合权重	人均收入区间	（0, 2.770）	（2.770, 3.095）	（3.095, +∞）
INV_{t-1}	0.745***	0.712***	0.853***	INV_{t-1}	0.809***	0.808***	0.808***
	（23.11）	（18.96）	（32.45）		（9.83）	（9.83）	（9.84）
COR	−0.003*	−0.004*	−0.003*	COR	−0.022***	−0.038***	−0.009
	（−1.86）	（−1.69）	（−1.71）		（−2.59）	（−3.07）	（−0.63）

续表

变量	地理权重	经济权重	混合权重	人均收入区间	(0, 2.770)	(2.770, 3.095)	(3.095, +∞)
EY	-0.144^{**}	-0.064	-0.076^{*}	FDI	-0.010	-0.010	-0.010
	(−2.01)	(−1.62)	(−1.71)		(−1.10)	(−1.10)	(−1.12)
FDI	-0.014^{**}	-0.014^{***}	-0.010^{*}	H	0.785^{**}	0.779^{**}	0.773^{**}
	(−2.40)	(−2.65)	(−1.69)		(2.09)	(2.07)	(2.03)
H	0.838^{***}	0.631^{*}	0.820^{**}	S	-0.031^{**}	-0.032^{**}	-0.031^{**}
	(2.15)	(1.75)	(2.11)		(−2.47)	(−2.55)	(−2.51)
PUB	-6.299^{***}	-6.297^{***}	-8.912^{***}	PUB	-6.667^{***}	-6.532^{***}	-6.719^{***}
	(−3.16)	(−2.98)	(−5.07)		(−5.52)	(−5.16)	(−5.83)
S	0.003	0.004	0.001	人力资本区间	(0, 0.580)	(0.580, 3.160)	(3.160, +∞)
	(0.32)	(0.28)	(0.08)				
WCOR	-0.004	-0.007^{**}	-0.006^{*}	INV_{t-1}	0.813^{***}	0.818^{***}	0.832^{***}
	(−1.41)	(−2.12)	(−1.90)		(10.04)	(10.14)	(10.25)
WEY	0.621^{**}	0.524^{*}	0.265^{*}	COR	-0.124^{***}	-0.002^{***}	0.010
	(2.10)	(1.72)	(1.84)		(−3.31)	(−2.85)	(0.70)
WFDI	-0.041^{**}	-0.010	-0.027^{*}	EY	-0.975^{**}	-0.963^{**}	-0.972^{**}
	(−2.52)	(−1.45)	(−1.72)		(−2.03)	(−1.99)	(−2.01)
WH	-1.005	-2.223^{**}	-1.228^{*}	FDI	-0.019^{**}	-0.019^{**}	-0.018^{**}
	(−1.01)	(−2.51)	(−1.78)		(−1.98)	(−2.02)	(−1.99)
WPUB	-2.582	-4.989^{***}	-4.021^{*}	S	-0.038^{***}	-0.033^{***}	-0.032^{**}
	(−1.58)	(−2.02)	(−1.70)		(−2.99)	(−2.67)	(−2.56)
WS	-0.028	-0.040^{*}	-0.031^{*}	PUB	-5.714^{***}	-5.771^{***}	-5.792^{***}
	(−1.21)	(−1.80)	(−1.69)		(−3.96)	(−4.07)	(−4.13)
ρ	0.262^{***}	0.101^{**}	0.215^{***}				
	(5.21)	(2.16)	(4.95)				
R^2	0.583	0.630	0.625				
Log L	−351.227	−342.102	−365.417				

4.5 结论和政策建议

利用30个省（区、市）和217个地市的研究数据，本章分别采用动态空间计量估计和动态面板门槛估计方法，实证考察了腐败对地方政府环境治理的影响。研究发现，本地腐败问题和邻近地区腐败问题恶化对本地政府环境治理确实存在负面影响，且后者的负面溢出效应主要通过环保执法和环保立法产生影响。同时，腐败对地方政府环境治理的影响存在一定的区域异质性，当地区人均收入水平或人力资本水平较低时，腐败对政府环境治理的负面影响比较显著；而当地区人均收入或人力资本较高时，腐败的负面影响会显著弱化或消失。基于本章研究结论，提出以下政策建议：

第一，继续深化反腐败斗争，加大环保领域的腐败治理力度。地方党政部门要继续深入推进党风廉政建设，坚持反腐无禁区、全覆盖、零容忍，坚持反腐重遏制、强高压、长震慑，巩固反腐败斗争的压倒性态势、夺取反腐败斗争的压倒性胜利。同时，针对环保领域腐败的突出问题，加大对环保审批、环境执法、排污许可及排污费征收等重点环节和重要岗位的监督力度，加强政府环保投资工程和项目的审计监察力度；环保部门自身也要优化职能分工，适度分权，形成部门、人员之间权利相互约束制衡的局面；环保政策法规的制定和执行信息应当向更广大的社会公众公开，引入政府部门、专家、群众相结合的环保科学决策和系统评价机制，遏制个人权力对环保部门权力运行的不当干扰。

第二，落实环保领域政府主体责任，推进地方政府考核体制的改革优化。地方政府应切实贯彻“绿水青山就是金山银山”的发展理念，严格按照《环境保护法》中“地方各级人民政府应当对本行政区域的环境质量负责”的要求，坚决扛起生态文明建设和生态环境保护的政治责任和法律责任。同时，进一步优化地方政府和官员考核评价体系，推进考核体系向绿色化、多元化转变，严格制定地方政府和主要部门的环境保护成效考核办法，开展领导干部自然资源资产离任审计，加强对地方政府及其主要责任人的环保问责机制，推动地方经济高质量增长、生态环境水平提升的协同发展。

第三，改革环保监督和管理体制机制，构建更加全面的环境治理体系。地方政府应加快推进环保职能机构改革，有效整合分散的环保职能职责，推动环保修复和污染防治统一监管，加速推进省级以下环保监察和执法部门的垂直管理，大力推进跨地区、跨流域的环保监察和执法的试验试点，推动政府环境治理能力的全面提升。同时，充分运用市场化手段，推进环境治理市场化进程；改革创新环境治理方式，有效激励企业依法履行环保责任；加强环保信息披露和社会公众组织参与，努力构建政府为主导、企业为主体、社会组织和公众共同参与的全面环境治理体系。

5 地区差异、外资来源与 FDI 环境规制效应

5.1 问题的提出

2016 年 3 月,《国民经济和社会发展第十三个五年规划纲要》将“开放型经济新体制基本形成”“生态环境质量总体改善”作为全面建成小康社会的核心目标，并为此推行“准入前国民待遇加负面清单管理”的开放外资管理制度，制定实施“最为严格”的环境保护制度，考察外商投资对环境规制的影响富有现实意义。但是，党的十八大以来，各地经济社会发展呈现新的典型变化：一方面，各地反腐败力度不断加大。据地方党政领导人物库资料统计，截至 2015 年 11 月，大陆 31 省（区、市）共有 59 名省部级官员因腐败落马；其中，包括 4 名正省部级官员，落马官员最多的山西有 7 人。另一方面，人力资本在经济发展中的作用不断凸显。伴随着经济新常态出现、人口老龄化和“人口红利”的不断消失，各地经济增长将更多依靠人力资本提升；而且，“大众创业、万众创新”的推进也使各地不断加大教育资源投入，努力实现人力资源向人力资本的转化。而几乎同时，受“一带一路”建设深入推进、服务业对外开放不断扩大的影响，

中国外资来源结构也出现显著变化：国家统计局数据显示，2009年，港澳台外资占全国实际利用外资总额比重刚刚突破50%，2014年则高达70%。考虑到当前中国各地区腐败程度、人力资本水平和外资来源结构深刻变化的态势，以及相关变化对中国外商投资、环境治理的影响，本章从地区差异（腐败水平、人力资本）和外资来源视角考察FDI的环境规制效应，对于“十三五”时期中国外资利用、环境治理等政策的制定具有重要意义。

FDI持续增长与环境污染加剧使得众多学者关注FDI对中国环境的影响。部分学者直接考察FDI对中国环境污染的影响，他们认为，若FDI直接增加了中国污染物排放，则可证明中国成为FDI的“污染天堂”（Ren等，2014；李子豪，2015；张宇和蒋殿春，2014；李子豪和刘辉煌，2013））；另一些学者则关注环境规制对FDI流入的影响，他们认为，若规制提升阻碍了FDI流入，则可证明FDI是为逃避环境规制而转向中国这一“污染天堂”（李永友和沈坤荣，2008；Dean等，2009；朱平芳等，2011；Bu等，2013）。然而，前者过分关注FDI对环境的影响效果，内在影响机制的探讨较少，使得FDI对环境的影响变成“黑箱”式的结果验证；后者则通常忽视了环境规制的内生性，或者遗漏了诸如地区腐败、研发投入、人力资本之类同时影响FDI、环境规制的重要变量，而使估计结果存在内生偏误。另外，虽然众多研究考察了国内环境规制对污染治理、经济增长、产业升级、技术进步、外资分布、贸易竞争等方面的影响（李永友和沈坤荣，2008；Bu等，2013；原毅军和谢荣辉，2014；傅京燕和李丽莎，2010；李阳等，2014），但环境规制自身的研究仍集中于环境规制概念界定和分类、环境规制绩效、环境规制的制度缺陷等方面，少有文献考察FDI对环境规制的影响，定量考察环境规制影响因素的研究仍比较少见。所以，本章系统考察FDI的环境规制效应，不但是FDI对中国环境影响的深入研究，也是中国环境规制影响因素研究的有益拓展。

FDI对环境规制影响方面，现有文献较少涉及。现有研究集中于不同模型假说下，FDI对东道国环境政策影响的讨论。例如，De Santis和Stahler（2008）利用改进的古诺模型，考察了FDI对东道国环境税的影响；研究表明，FDI流入将激励东道国提升环境税标准，以转移FDI来源国的投资获利。Ohori（2011）同样利用古诺模型框架，考察了国内企业FDI所有权高低对环境政策的影响；分析表明，无论采用排放标准还是排污税作为规制手段，FDI所有权降低都将导致环境规制降低。Dong等（2012）利用南北市场份额模型，分析了当污染物存在跨国影响时，FDI对南方国家环境规制的影响；研究表明，当南方国家市场份额较大时，FDI流入将带来当地环境规制的提升；反之则反是。个别学者在模型基础上，实证考察了FDI对环境规制的影响。例如，Cole等（2006）在三阶段博弈分析的基础上，利用1982—1992年33个国家数据，实证考察FDI对环境规制的影响；研究证实他们的理论判断，即FDI对环境规制的作用方向受地区腐败程度影响。现有研究在此方面做了有益探讨，但仍有较多方面有待完善。FDI对环境规制影响的实证研究有待加强，Cole等（2006）的研究只是从国家层面的检验，其估计可能结果存在一定异方差偏误，地区层面的研究可能有助于解决此问题。对中国而言，其作为一个发展中大国，各地区经济社会发展存在较大差异，FDI对环境规制的影响是否受地区差异影响而有所不同？此外，由于历史和现实原因，流入中国的外资可以划分为港澳台外商投资和非港澳台外资，不同来源FDI对环境规制的影响是否存在差异？现有文献也很少涉及。

因此，本章主旨在于考察FDI对中国地区环境规制的影响，试图从三个层面对此进行较为深入的探讨：第一，FDI对中国各省（区、市）和地市的环境规制影响如何。第二，当地区腐败程度、人力资本存在差异时，FDI对当地环境规制的影响会有何种不同。第三，对不同来源的FDI，其对地区环境规制的影响又会存在何种差异。与以往研究相比，本章在以下三个方面有所推进：首先，在研究对象上，本章以中国 1995—2010 年 29 个省（区、市）和 2003—2013 年 203 个城市为研究对象，以更加微观的视角考察了 FDI 对环境规制的现实影响，在一定程度上解决了国家层面研究的异方差偏误影响；其次，在研究思路上，本章将腐败程度、人力资本的门槛效应机制和不同来源地 FDI 的影响差异引入 FDI 环境规制效应研究当中，更加贴近中国发展现实，较为深入地拓展了现有研究机制；最后，在研究方法上，本章将地区腐败程度、人力资本、研发投入等变量引入地区环境规制影响方程，并采用多种方法处理内生性偏误的影响，更加客观地考察了 FDI 对中国环境规制的影响。

5.2 理论假说

以上文献综述表明，在 FDI 对东道国环境规制影响方面，部分学者做出了有益探讨，但深入分析 FDI 影响环境规制机制渠道的研究并不多见。因此，通过梳理相关文献，本章提出了 FDI 影响中国环境规制作用机制的三个理论假说。

首先，腐败因素在 FDI 影响环境规制中的作用。腐败对环境污染、环境规制以及 FDI 的影响已经为众多研究所证实（李子豪和刘辉煌，2013）。本章认为，腐败对 FDI 环境规制效应的影响可能体现在以下三个方面：第一，环境政策制定方面。Cole 等（2006）的理论分析表明，FDI 增加将导致企业竞争加剧，进而促使政府提高环境规制以提升社会福利（福利效应），也可能导致污染企业加大贿赂力度而降低环境规制水平（贿赂效应）。在腐败程度较低时，“福利效应”对环境规制的影响占主导地位；腐败程度较高时则相反。第二，环境技术溢出和环境标准制定方面。Albornoz

等（2009）的研究表明，FDI 可以通过产业间、产业内技术溢出促进东道国环境技术的提升，而 FDI 技术溢出的重要前提是投资地人力资本、研发投入要达到一定阈值；但是，腐败对地区研发投入和人力资本提升的阻碍作用也已被部分研究所证实（Dong 等，2012；Dong 和 Torgler，2010）。这就意味着，腐败程度较高时，FDI 环境技术溢出被吸收的可能性较低；腐败程度较低时则相反。而地区环境技术水平对于当地环境标准选择有重要影响，Lovely 和 Popp（2011）的研究表明，只有当地区环境技术达到一定水平，当地政府才有动力采用较高的环境标准。也就是说，腐败通过影响 FDI 环境技术溢出，进而影响当地环境标准选择。第三，实际环境规制执行方面。腐败对环境规制执行的负面影响已为部分研究证实；而当地区腐败程度较高、实际规制执行较低时，外资企业也会倾向性地选择向环保监督人员贿赂以降低污染成本，进一步恶化实际环境规制执行。综合以上分析，本章研究认为，FDI 对环境规制的影响可能存在腐败门槛效应，即当地区腐败程度较高时，FDI 将降低当地环境规制；而当地区腐败程度较低时，FDI 将提升当地环境规制。基于以上分析，提出以下假说：

假说 1：FDI 对中国环境规制的影响存在腐败门槛效应，当地区腐败程度较高时，FDI 将降低当地环境规制；当地区腐败程度较低时，FDI 将提升当地环境规制。

其次，地区人力资本在 FDI 影响环境规制中的作用。第一，FDI 环境技术选择和环境规制策略方面。对投资地不同的人力资本，FDI 将会选择与之适应的生产和环境技术；只有当地人力资本较高时，FDI 才有可能采用较高的环境技术和标准（李子豪，2015）。另外，人力资本水平不同时，FDI 企业也可能采用不同竞争策略；只有当地区人力资本水平较高时，FDI 企业才倾向于采用包括加强环境规制的全面竞争策略（Zhang，2008）。第二，环境技术溢出和环境标准制定方面。正如假说 1 中所分析的，只有当投资地人力资本较高时，FDI 环境技术溢出才更容易被投资地吸收（李子豪和刘辉煌，2012），进而提升投资地环境技术水平，促使当地政府采取更高的环境规制标准。第三，环保意识与环境规制执行方面。研究表明，较高的人力资本积累有助于地区环保意识提升、环境规制加强和环境技术创新（黄菁，2009）。这就意味着，当地区人力资本较高时，其较高的环保意识和环境规制力度将加大 FDI 企业环境违规的负面影响和实际成本，促使其更加规范地遵守环境规制，有利于实际规制执行的提升。根据以上三方面分析，本章研究认为，FDI 对环境规制的影响可能存在人力资本门槛效应，即当地区人力资本较高时，FDI 有利于地区环境规制提升；反之则反是。基于以上分析，提出以下假说：

假说 2：FDI 对中国环境规制的影响存在人力资本门槛效应，当地区人力资本较高时，FDI 将提升环境规制；当地区人力资本较低时，FDI 将降低环境规制。

最后，不同来源地 FDI 对环境规制影响的差异。在 FDI 对中国环境的研究以及环境规制对 FDI 流入影响的研究中，多数文献将来自港澳台地区的 FDI 与来自其他地区的 FDI 视作同质的投资，但部分研究却并不支持此种判断（Bu 等，2013；陈媛媛和李坤望，2010）。因此，本章认为两者对环境规制的影响也可能存在一定差异。这是因为：第一，从社会责任和环境标准角度来看。Bu 等（2013）的研究表明，相比港澳台 FDI 企业，其他地区的 FDI 企业有更强的社会责任感，环境规制放松对其投资的吸引力并不高；Dean 等（2009）也得到了类似结论，他们认为，其他地区 FDI 企业更倾向于执行本国或企业统一的高环境规制标准，以避免粗放型生产带来的成本上升，或者帮助企业谋取全面竞争优势。第二，从腐败对环境规制影响角度来看。由于港澳台 FDI 与中国大陆存在较多的宗亲或文化联系，更容易参与环境规制的寻租行为；而其他地区的外资，如来自 OECD 国家的 FDI 受到《禁止在国际商业交易中贿赂外国公职人员公约》、来自美洲国家的 FDI 受到《美洲反腐败公约》等限制，通过腐败行为改变环境政策或者降低环境规制执行都可能面临严厉的法律制裁，其通过腐败渠道对中国环境规制的负面影响可能更小。第三，从 FDI 环境技术溢出方面来看。由于港澳台地区企业多属于价值链低端的加工制造企业，其研发投入、技术水平通常低于其他国家的 FDI 企业，对投资地环境技术溢出和环境标准的提升作用都不会太显著（陈媛媛和李坤望，2010）；而其他国家的 FDI 企业（尤其是欧美日等发达国家 FDI）由于自身的技术优势，以及维护企业自身形象的需要，有能力也更愿意采用环境友好型技术，从而更有利于投资地的环境技术溢出和环境规制标准的提升。综合以上分析，本章认为，与来自港澳台的 FDI 相比，其他地区的 FDI 更容易对中国环境规制产生积极影响。基于以上分析，提出以下假说：

假说 3：港澳台地区 FDI 可能对中国环境规制产生负面影响，其他地区 FDI 可能对中国环境规制产生积极影响。

5.3 计量模型与估计方法

5.3.1 计量模型的构建

环境规制影响因素的计量分析，现有文献很少涉及。Cole 等（2006）的国际研究构建了较为完善的实证框架；因此，借鉴他们的思路，本章计量模型框架如下：

$$reg_{i,\ t} = \alpha_i + \gamma_t + \beta' X + \varepsilon_{i,\ t} \tag{5-1}$$

其中，i 表示地区，t 表示年份，α_i 表示地区特定效应，γ_t 表示时期特定效应，reg 表示环境规制，X 是解释变量向量，$\varepsilon_{i,\ t}$ 为随机误差项。

一般认为，地区经济发展水平是环境规制的重要影响因素（Cole 等，

2006；黎文靖和郑曼妮，2016）。因为随着地区经济增长，居民对环境质量的需求会逐步提升，地区的产业结构也会更加优化，带来地区环境技术标准的上升和实际环境规制强度的加强。因此，本章将地区人均收入（*ey*）引入模型。

除经济发展外，产业结构对环境规制也具有较强影响（Cole 等，2006）。地区产业结构反映了地区的产出、就业结构，地方政府在制定环境规制政策和确定实际规制执行力度时，必然要顾及其本地产出、就业的影响（姚圣和毛子涵，2012）。因此，针对处于发展中国家阶段且以经济建设为中心的中国来说，解释变量引入产业结构（*s*）是十分必要的。

研发投入对地区环境规制的影响也值得关注。由于地区环境技术水平是影响当地环境政策制定、环境标准执行和实际环境监督强度的重要因素（Loverly 和 Popp，2011），地区研发投入则会对当地环境技术水平产生直接影响（陈媛媛和李坤望，2010）。而且，地区研发投入水平也是 FDI 环境技术溢出、FDI 投资选址的重要影响因素，为避免变量遗漏的内生性问题，有必要引入研发投入（*rd*）因素。

人力资本水平也是影响地区环境规制的重要因素。正如假说 2 分析中所述，地区人力资本水平将直接对当地环境技术标准制定、FDI 环境技术溢出以及地区环境政策的实际执行力度产生重要影响（李子豪，2015；Zhang，2008；黄菁，2009），模型中应当包括人力资本（*h*）的影响。

此外，由于腐败对环境规制的影响已为众多研究证实（Cole 等，2006；Ivanova，2011），地区腐败对环境规制的影响也应当加以考虑。而对中国而言，当前反腐败的形势仍十分严峻，腐败对中国经济增长和环境污染等均已产生十分显著的影响（李子豪和刘辉煌，2013；聂辉华等，2014）。而且，腐败作为对环境规制和 FDI 均能产生重要影响的变量（李子豪和刘辉煌，2013；Smarzynska 和 Wei，2001），将其引入模型中也是处理内生性偏误的重要手段。因此，本章解释变量中应当包括地区腐败（*cor*）因素。

最后是 FDI 对环境规制的影响。如理论假说分析，FDI 可从环境政策制定、环境标准形成和实际规制执行等多个层面，对环境规制产生重要影响。考虑到本章研究目的，FDI 在中国经济社会发展中发挥的重要作用，解释变量中应当加入外商直接投资（*fdi*）。

根据以上分析，加入主要解释变量后，本章实证分析的基本框架如下：

$$reg_{i,t}=\alpha_i+\gamma_t+\beta_1 ey_{i,t}+\beta_2 s_{i,t}+\beta_3 rd_{i,t}+\beta_4 h_{i,t}+\beta_5 cor_{i,t}+\beta_6 fdj_{i,t}+\varepsilon_{i,t} \tag{5-2}$$

5.3.2 估计方法说明

为对假说 1 和假说 2 进行检验，采用静态门槛面板估计方法，本章将地区腐败程度、人力资本作为门槛变量引入式（5–2），构建 FDI 对环境规制影响的分段函数如下：

$$reg_{i,t}=\alpha_i+\gamma_t+\beta_1 ey_{i,t}+\beta_2 s_{i,t}+\beta_3 rd_{i,t}+\beta_4 h_{i,t}+\beta_5 cor_{i,t}+\beta_6 fdj_{i,t}I_{i,t}(thr\leqslant\gamma)+\beta_7 fdj_{i,t}I_{i,t}(thr>\gamma)+\varepsilon_{i,t} \tag{5-3}$$

其中，*thr* 为门槛变量，即地区腐败（*cor*）或人力资本（*h*）；γ 为待估计的门槛值，即具体的腐败程度、人力资本水平；*I*（·）为指示函数。式（5–3）假设存在单一门槛效应，多重门槛模型可由此扩展得到。

同时，考虑到 *fdi* 与 *reg* 之间的双向因果关系，为避免 *fdi* 内生性影响，借鉴 Cole、林季红和刘莹的做法，本章用滞后一期的 *fdi* 作为解释变量。

门槛估计需要解决两个主要问题：一是门槛值 γ 和重要变量 *fdi* 的参数估计；二是对估计得到的门槛值进行显著性和置信区间检验。其中，门槛值 γ 和 *fdi* 的回归系数是通过最小化假定门槛数下普通最小二乘估计的残差得到。相应的参数估计后，需要进一步对门槛效应显著性和门槛值置信区间进行考察。

为对检验假说 3 进行验证，本章将港澳台 FDI 变量（*fdich*）和其他地区 FDI 变量（*fdiel*）分别引入式（5-2）中，根据 *fdich*、*fdiel* 估计系数的差异对假说 3 进行判断。同样，为剔除 FDI 内生性的影响，也采用滞后一期的 *fdich*、*fdiel* 数据。

既有 FDI 与环境规制研究存在的一大问题就是内生性考虑不足，内生性问题的处理是本章关注的重要方面。整体来说，本章采取了三种措施来消除内生性影响：第一，在模型设计时加入了地区衡量、时间衡量，以消除随地区、时间变化的遗漏变量的影响。第二，在模型中加入了对环境规制和 FDI 均可产生重要影响的腐败程度、人均收入、研发投入和人力资本变量，也有助于消除遗漏变量的影响。第三，在所有估计方程中，均采用滞后一期的 FDI 变量，一定程度上消除 FDI 与环境规制双向因果关系所导致的内生性偏误。

5.4 变量选择与数据说明

5.4.1 变量选择

环境规制方面，现有研究主要选取以下几类指标：环境公约的参与率或环境法规数量（李永友和沈坤荣，2008；张崇辉等，2013；Smarzynska 和 Wei，2001），实际污染排放强度，环境治理投资水平（李永友和沈坤荣，2008；Bu 等，2013），污染物排放达标率及其综合指数（李子豪和刘辉煌，2013；朱平芳等，2011；Smarzynska 和 Wei，2001；于文超等，2014）。由于国内地区环境法规出台数具有一定随意性，实际污染排放强度更多体现了环境技术的影响，环境治理投资也比较难以反映实际环境规制，本章舍弃这三类指标。因此，本章选择污染物排放达标率指标来反映实际环境规制强度；而且，为更加全面地衡量地区环境规制水平，本章用地区不同污染物治理率进行主成分分析构建了相应的综合环境规制指标。具体来说，省（区、市）环境规制指标（*reg*）由工业废水排放达标率、工业二氧化硫去除率和工业固体废弃物利用率三大指标获得，城市环境规制指标（*REG*）由生活废水处理率、工业粉尘处理率和工业固体废弃物处理率三大指标获得。

外商直接投资方面，现有研究用FDI存量（张宇和蒋殿春，2014；李子豪和刘辉煌，2013；陈媛媛和李坤望，2010；李永友和沈坤荣，2008）和FDI流量（Smarzynska和Wei，2001）两类来衡量FDI。由于流量指标能够比较好地反映外资动态变化的影响，而存量指标则能够更加全面地衡量FDI对当地经济的整体影响。因此，本章同时选用FDI的存量和流量指标来考察其影响。具体来说，省级层面，用各省（区、市）实际利用外资数额占GDP的比重衡量流量FDI（*fdif*）的影响，用港澳台、外商投资工业企业总产值占地区工业总产值比重衡量存量FDI（*fdis*）的影响，用港澳台工业企业总产值占规模以上工业企业总产值的比重衡量港澳台地区FDI（*fdich*）的影响，用地区外商投资工业企业占规模以上工业总产值比重表示其他地区FDI（*fdiel*）的影响。城市层面，用城市实际利用外资占GDP比重城市FDI（*FDI*）影响，分别用港澳台、外商投资工业企业总产值占城市规模以上工业企业总产值比重来衡量其各自影响，分别用*FDICH*、*FDIEL*表示。

腐败方面，现有研究主要有两类：第一类是主观调查指标，如Smarzy-nska和Wei（2001）用世界竞争力报告（Global Competitiveness Report，GCR）中腐败调查指数，Cole等（2006）用国际国家风险指南（International Country Risk Guide，ICRG）中的腐败调查指数；第二类是客观腐败数据指标，如聂辉华等、Fredriksson等用各地区单位公职人员的腐败案发数，李子豪和刘辉煌（2013）用各省（区、市）单位总人口的腐败案发数，李子豪和刘辉煌（2013）用世界银行城市企业平均“旅行和招待费”（Travel and Entertainment Cost，TEC）。考虑到腐败评价指标的主观性，且省级层面难以获得此类指标，本章用各省（区、市）10 万总人口的腐败案件发案数来衡量省（区、市）腐败（*cor*）[①]。城市层面的腐败指标，现有研究尚未涉及；借鉴省（区、市）腐败指标的思路，本章用地级审计局审计出的违规金额来表示[②]。具体来说，本章用通过手工汇总得到的《中国审计年鉴》中各地级城市审计局以及各市附属区、县审计局审计出的违规总金额除以各市当年 GDP 来衡量城市层面的腐败程度（*COR*）。

人力资本方面，多数学者采用地区人口受教育情况表示。由于初中以上人力资本才能有效地为 FDI 利用（李子豪，2015），省级层面借鉴詹正宇（2012）的做法，构建了包含地区初中教育、高中教育和大学教育人力资本（*h*）。城市层面，受数据来源限制，借鉴了李子豪和刘辉煌（2012）的做法，构建了包括中学和大学在校生城市人力资本（*H*）指标。

人均收入和产业结构方面，前者借鉴绝大多数做法，用省（区、市）或城市的实际人均 GDP 衡量，分别用 *ey*、*EY* 表示。对于后者，由于第二产业生产对中国地区污染的影响强度最大（李永友和沈坤荣，2008），且中国多数地区仍处于工业化深入阶段，本章用省（区、市）、城市第二产业增加值占当地 GDP 的比重反映此种影响，分别用 *s*、*S* 表示。

---

① 本研究中腐败被定义为公共权力被用来以违反规则的方式追求个人利益的行为；本章的省（区、市）腐败案件数是通过翻阅相应年份《中国检察年鉴》中各省（区、市）检察工作报告，手工汇总各省（区、市）检察机关当年立案侦查的贪污、受贿、挪用公款、巨额财产来源不明等几类职务犯罪案件的数量得到。

② 根据国家审计署网站资料，中国审计机关的主要工作职责是对政府机关财政预算和其他收支的执行情况、国家事业组织的财政资金和其他收支使用情况、中央银行的收支、国有及国有控股的金融机构和企业的资产负债损益、政府投资项目的预算执行情况、政府管理的基金的财务状况、国外机构组织的援助和贷款财务状况等进行监督，涉及了可能发生“公共权力违规追求个人利益行为”的主要领域。

5.4.2 数据说明和变量描述

考虑到数据的一致性和可得性，本章选取1995—2010年全国29个省级地区（不包括西藏、重庆和港澳台地区）和2003—2013年中国203个地级城市为研究对象①。其中，重庆1997—2010年的数据并入四川处理。文中所有涉及价值形态的数据，均采用相应的价格指数调整为2000年为基期的不变价值；外商投资数据则以历年人民币对美元年均价换算成人民币处理。数据主要源自《中国统计年鉴》《中国工业经济统计年鉴》《中国环境年鉴》《中国环境统计年鉴》《中国检察年鉴》《中国法律年鉴》《中国审计年鉴》《中国城市统计年鉴》《区域经济统计年鉴》和《新中国55年统计资料汇编》。表5-1给出了主要解释变量的统计性描述。由表5-1可知，省（区、市）*cor*、*h* 均值分别为3.36、5.75，标准差分别为1.34、1.53，城市 *COR*、*H* 均值分别为12.73、0.82，标准差分别为64.49、0.34，各省（区、市）的腐败程度和人力资本存在较大差异，显示了对FDI影响进行门槛估计的必要性。

表5-1　主要变量的统计性描述

省（区、市）	reg	ey	fdif	fdis	fdich	fdiel	cor	h	S	rd
单位	—	万元	%	%	%	%	例	年	%	万元
平均值	32.30	0.97	3.48	20.17	6.33	13.84	3.36	5.75	44.86	7.55
最小值	7.44	0.27	0.09	1.24	0.10	0.21	1.06	2.18	19.74	0.21
最大值	95.69	3.18	24.20	65.81	40.40	53.96	10.35	10.85	61.50	25.97
标准差	13.75	0.63	3.37	17.57	7.49	12.49	1.34	1.53	7.97	4.53
观测值	464	464	464	377	377	377	464	464	464	464

① 203个城市中东部城市85个，中部城市77个，西部城市41个，共来自全国29个省级行政单位，具有较强的代表性。另外，省级分FDI来源的估计时期为2001—2010年；城市分来源估计时期为2004—2013年。

续表

城市	REG	EY	FDI	FDICH	FDIEL	COR	H	S	RD	
单位	—	万元	%	%	%	‰	年	%	%	
平均值	42.54	1.27	2.26	6.55	9.99	12.73	0.82	50.63	0.12	
最小值	2.97	0	0	0	0	0	0.16	15.7	0	
最大值	70.58	5.27	20.11	70.90	84.35	254.17	2.43	85.92	2.00	
标准差	13.83	0.84	2.44	9.27	11.42	64.49	0.34	10.55	0.14	
观测值	2233	2233	2233	2030	2030	2233	2233	2233	2233	

5.5 实证结果与分析

5.5.1 省级层面估计

门槛估计前，本章对省级估计变量进行了面板平稳性检验。检验结果表明，绝大部分检验在 5% 的显著性水平上均可拒绝存在单位根的原假设，所有检验值在 10% 的显著性水平上拒绝原假设，可以认为回归变量均为平稳变量。表 5-2 报告了以式（5-2）为基础，利用门槛面板估计得到的，外商直接投资（*fdif*、*fdis*）对环境规制（*reg*）腐败门槛效应、人力资本门槛效应的显著性和门槛值置信区间。由表 5-2 可知，当门槛变量为腐败程度（*cor*）时，*fdif*、*fdis* 对 *reg* 的影响均存在双重门槛效应，前者门槛值分别为 1.85、3.09，后者分别为 1.85、3.42。当门槛变量为人力资本（*h*）时，*fdif* 对 *reg* 的影响存在单一门槛效应，门槛值为 5.92；*fdis* 对 cha 影响存在双重门槛效应，门槛值为 6.46、9.46。所有门槛值的 F 检验均至少在 5% 水平上显著，表明相关门槛效应的显著性。

表 5-2　门槛变量的显著性检验和置信区间估计

门槛	FDI	门槛数	F 值	10%	5%	1%	门槛值	95% 置信区间
地区腐败（cor）门槛	fdif	单一	11.56**	2.73	4.16	6.80	1.85	（1.79，1.96）
		双重	7.63**	2.71	3.85	5.84	3.09	（3.04，6.18）
		三重	2.31	0.16	3.19	6.44		

续表

门槛	FDI	门槛数	F 值	10%	5%	1%	门槛值	95% 置信区间
	fdis	单一	10.66**	3.24	4.53	8.14	1.85	（1.79，1.90）
		双重	7.13*	2.66	3.55	7.71	3.42	（3.17，3.63）
		三重	1.51	1.09	2.16	5.21		
人力资本（h）门槛	fdif	单一	9.80*	2.81	4.47	9.92	5.92	（5.89，6.23）
		双重	2.79	2.44	3.12	6.41		
	fdis	单一	15.03**	2.41	3.62	6.44	6.46	（6.43，6.76）
		双重	8.77**	2.59	3.42	8.68	9.46	（9.37，9.46）
		三重	2.02	1.48	2.35	4.46		

注：表中的 F 值和 10%、5%、1% 的临界值均为采用“自抽样”300 次得到的结果；** 和 * 分别表示在 1% 和 5% 水平上显著。

表 5–3 显示了外商直接投资（*fdif*、*fdis*）对环境规制（*reg*）腐败、人力资本门槛效应估计结果。其中，方程 1、方程 2 是腐败门槛效应估计，方程 3、方程 4 是人力资本门槛效应估计。由表 5–3 可知，ln*ey* 估计系数均显著为正，表明经济发展对环境规制的影响积极。这是因为，伴随经济水平提升，地方政府和民众对环境问题的重视程度不断提高，当地环境政策、技术标准和监管监督也在不断提升，带来环境规制水平的上升（于文超等，2014）。*s* 估计系数显著为负，说明第二产业占比增加不利于地区环境规制提升。这是因为，当前中国工业仍以“粗放型”的资源消耗生产为主，第二产业占比上升必然给当地环境治理和政府环境政策制定带来巨大压力（姚圣和毛子涵，2012）。ln*rd* 估计系数均为正值，但显著性不高，说明研发投入对环境规制的积极影响不甚显著。这可能是，研发投入的提升虽有利于环境技术、环境标准提升，但对环境政策制定、标准落实的积极作用并不明显（陈媛媛和李坤望，2010）。ln*h* 估计系数显著为正，说明人力资本对环境规制有显著正向影响。正如理论假说部分所述，伴随地区人力资本提升，地区环境技术水平、实际环境规制力度、FDI 环境技术溢

出都会显著增强，从而对环境规制产生积极影响。ln*cor* 估计系数均显著为负，说明腐败程度上升的确不利于环境规制加强。理论假说部分分析表明，伴随地区腐败程度上升，环境政策制定会有所扭曲，环境技术进步会受到一定阻碍，实际环境规制强度也会明显下降，从而对环境规制产生不利影响。

表 5-3　FDI 腐败门槛和人力资本门槛效应估计

腐败（cor）门槛				人力资本（h）门槛			
方程 1		方程 2		方程 3		方程 4	
lney	40.61***	lney	42.06***	lney	41.02***	Lney	40.74***
	（15.72）		（12.13）		（15.44）		（11.64）
s	−0.26***	s	−0.79***	s	−0.65***	S	−0.71***
	（−5.94）		（−6.11）		（−6.75）		（−5.95）
lnrd	1.06*	lnrd	0.80	lnrd	1.32**	Lnrd	1.22*
	（1.87）		（1.50）		（2.53）		（1.71）
lnh	22.04***	lnh	35.85***	lnh	18.77***	Lnh	24.58***
	（9.17）		（6.76）		（7.80）		（4.79）
lncor	−2.02*	lncor	−2.20**	lncor	−2.24**	Lncor	−1.95*
	（−1.92）		（−1.99）		（−2.45）		（−1.78）
fdif	0.57***	fdis	0.48***	fdif	−0.96***	Fdis	−0.83***
（cor ≤ 1.85）	（3.32）	（cor ≤ 1.85）	（4.17）	（h ≤ 5.92）	（−5.32）	（h ≤ 6.46）	（−2.72）
fdif	0.28*	fdis	0.13	fdif	0.41**	Fdis	0.23**
（1.85~3.09）	（1.78）	（1.85~3.42）	（1.54）	（h>5.92）	（2.05）	（6.46~9.46）	（2.13）
fdif	−0.37**	fdis	−0.22***			Fdis	0.43***
（cor>3.09）	（−2.04）	（cor>3.42）	（−3.19）			（h>9.46）	（3.19）

注：（　）内数字为估计值的 t 检验值，***、**、* 分别表示 t 检验值在 1%、5%、10% 水平上显著；下同。

FDI 对环境规制的影响是本章关注的重点。方程 1 和方程 2 中，当 *cor* 小于 1.85 时，FDI 系数显著为正；当 *cor* 处于 1.85 ～ 3.09 或 1.85 ～ 3.42

时，FDI 的系数仍为正值，但显著性有所下降；当 *cor* 大于 3.09 或 3.42 时，FDI 系数显著为负。这表明，当腐败程度较低时，FDI 有利于环境规制提升，反之则反是，这就验证了假说 1 的存在性。这是因为，当地区腐败程度比较低时，当地环境政策制定的扭曲更少，降低了“高污染、高排放”外资企业进入的可能；而且，较低的腐败程度对地区环境技术的负面影响也比较小，有利于当地吸收 FDI 环境技术溢出提升环境标准（Loverly 和 Popp，2011）；此外，此时当地环境规制政策和制度的执行力度也会相对较强，FDI 企业环境治理制度和设施的运行也会更加规范（Ivanova，2011），从而提升实际环境规制水平。而当地区腐败程度较高时，地区环境政策的扭曲、环境技术水平的下降和实际环境规制强度的降低则会抑制 FDI 环境积极影响的发挥，降低当地环境规制水平。方程 3 中，当 *h* 小于 5.92 时，*fdif* 系数显著为负；*h* 大于 5.92 时则相反。方程 4 中，当 *h* 小于 6.46 时，*fdis* 系数显著为负；*h* 处于 6.46 ～ 9.46 时，*fdis* 显著为正；*h* 大于 9.46 时，*fdis* 的系数值和显著性都有所增加。这表明，人力资本较低时，FDI 降低了环境规制提升，反之则反是，这就验证了假说 2 的存在性。这是因为，当地区人力资本较低时，投资地 FDI 企业的环境技术水平也相对较低，当地企业吸收 FDI 环境技术溢出的可能性相对不高，较低的环保意识也有可能吸引 FDI 企业通过偷排、贿赂等行为来规避排污执法（Ivanova，2011），不利于 FDI 对环境规制积极影响的发挥，最终降低环境规制水平。而当地区人力资本较高时，FDI 通过相关渠道对环境规制的积极影响才更容易发挥。

表 5-4　不同来源 FDI 的影响比较

	方程 5	方程 6		方程 7	方程 8
	FE	FGLS		FE	FGLS
lney	43.12***	27.94***	Lney	42.69***	21.26***
	(11.74)	(7.67)		(11.64)	(5.80)
s	−0.89***	−0.42***	S	−0.93***	−0.27**
	(−7.15)	(−3.36)		(−7.33)	(−2.06)

续表

	方程 5	方程 6		方程 7	方程 8
	FE	FGLS		FE	FGLS
lnrd	0.69	2.08^{**}	Lnrd	0.66	2.23^{**}
	(0.91)	(2.41)		(0.87)	(2.42)
lnh	35.75^{***}	25.83^{***}	Lnh	38.04^{***}	33.34^{***}
	(5.79)	(3.85)		(6.27)	(4.88)
lncor	-3.54^{**}	-5.44^{***}	lncor	-2.84^{*}	-5.59^{***}
	(−2.15)	(−2.92)		(−1.71)	(−2.83)
fdich	-0.80^{***}	-0.92^{***}	fdiel	0.34^{***}	0.26^{***}
	(−3.78)	(−4.73)		(3.72)	(2.27)
F(W)	95	348	F(W)	94	286
	[0.000]	[0.000]		[0.000]	[0.000]

注:(　)内数字为估计值的 t 检验值。

表 5–4 是不同来源 FDI 对环境规制影响的比较。其中，方程 5、方程 7 是采用固定效应估计的结果，方程 6、方程 8 则是考虑了异方差和序列相关问题存在的可行广义距（FGLS）估计结果。方程 5、方程 6 反映港澳台 FDI 对环境规制的影响；方程 7、方程 8 反映其他来源 FDI 的影响。由表 5–3 中人均收入、产业结构、研发投入、人力资本和腐败程度等因素的估计系数和显著性可知，相关因素对环境规制的影响与表 5–4 无较大差异，不再解释说明。表 5–4 重点考察 *fdich*、*fdiel* 对环境规制的影响差异。由表可知，*fdich* 估计系数显著为负，*fdiel* 估计系数显著为正。这说明，港澳台 FDI 企业对环境规制产生显著的负面影响，其他地区的 FDI 企业则有利于地区环境规制提升。这可能是，对港澳台 FDI 企业来说，其规模普遍不大、技术水平较低（姚战琪，2007），具有通过扭曲环境规制来降低生产成本的需求（Dean 等，2009）；而地方政府受港澳台 FDI 宗亲、文化联系影响，甚至受专门政策安排影响，更有可能通过牺牲环境规制吸引港澳台 FDI（闫安，2011）。此外，港澳台 FDI 的研发投资较少，环境技术水平较低，对投资地环境技术溢出的可能性比较低，大量港澳台 FDI 企业的进

入不一定会带来当地环境技术和环境标准的提升。对于其他来源 FDI 企业（尤其是发达国家企业）来说，受自身社会责任、生产技术和管理制度影响，并无降低环境规制的现实需求（Dean 等，2009；Bu 等，2013），反而可能通过自身的规范运行来提升环境政策执行水平。而且，其他来源 FDI 无论是在技术转移倾向、自身技术绩效方面都显著强于港澳台地区 FDI（姚战琪，2007），更有利于 FDI 环境技术溢出发生，带来治污投资的增加。此外，其他来源的 FDI 企业管理更加规范、社会责任意识更强（Bu 等，2013），更愿意通过遵守规范的环境规制获得良好声誉和竞争优势（Dean 等，2009）。综合比较发现，*fdich* 显著抑制了中国环境规制提升，*fdiel* 对中国环境规制则产生了显著积极影响，验证了假说 3 的存在。

5.5.2 城市层面稳健性检验

省级估计对三个假说进行了实证检验，结果支持了三个理论假设的合理性。但省级层面的估计仍略显宏观，研究时段受到环境规制指标限制也仅更新至 2010 年；省级腐败指标用腐败案件数表示，不一定能够十分客观地衡量腐败对当地经济生活的影响程度；环境规制指标的构成也基本偏重于工业生产，未能全面兼顾生活污染物规制情况。因此，本章用 2003—2013 年 203 个城市数据，采用更为客观全面的腐败指标和环境规制指标，利用门槛面板估计方法和两类来源地 FDI 估计比较，再次对三个假说进行了检验，以验证地区实证结果的稳健性①。

表 5–5 显示了地市层面的估计结果。其中，方程 9 是腐败门槛效应估计，方程 10 是人力资本门槛效应估计，方程 11 和方程 12 是两类来源地 FDI 影响比较估计。同样，由于表 5–5 人均收入、产业结构、研发投入、

① 估计前进行了平稳性检验，变量均水平平稳；受版面限制，不再报告平稳性检验、门槛显著性检验结果。

人力资本和地区腐败程度等因素的估计结果与表 5-3、表 5-4 无较大差异，此处不再重复解释。方程 9 中，当 *COR* 小于 0.91 时，*FDI* 系数显著为正；当 *COR* 处于 0.91 ～ 6.56 时，*FDI* 系数虽为负值，但统计上不甚显著；而当 *COR* 大于 6.56 时，*FDI* 系数显著为负。这表明，腐败程度较低时，FDI 对城市环境规制提升有显著积极影响；腐败程度较高时，FDI 则抑制了环境规制提升。方程 10 中，当 *H* 小于 0.74 时，*FDI* 系数显著为负；*H* 大于 0.74 时，*FDI* 系数显著为正。这表明，地市人力资本较低时，FDI 抑制了环境规制提升；人力资本较高时，FDI 对环境规制则有显著促进作用。门槛效应的估计与表 5-3 基本一致，验证了省区估计的稳健性，也验证了假说 1、假说 2 在城市层面的存在性。对比方程 11 和方程 12 发现，*FDIch* 估计系数显著为负，说明港澳台地区 FDI 对城市环境规制有显著的负面影响；*FDIel* 估计系数在 10% 水平上为正，说明其他地区 FDI 对城市环境规制提升有一定正面影响。此结果与表 5-4 结果基本一致，表明省级估计的稳健性，也验证了假说 3 在城市层面的存在性。

表 5-5　地市层面的稳健性检验

方程 9		方程 10		方程 11		方程 12	
lnEY	24.32^{***}	lnEY	24.44^{***}	lnEY	7.63^{***}	lnEY	7.26^{***}
	(17.10)		(17.14)		(11.83)		(10.50)
S	-0.18^{**}	S	-0.15^{**}	S	-0.21^{***}	S	-0.22^{***}
	(−2.56)		(−2.19)		(−7.00)		(−7.13)
RD	19.91^{***}	RD	20.96^{***}	RD	18.03^{***}	RD	18.49^{***}
	(9.18)		(9.99)		(9.33)		(9.43)
lnH	0.62^{***}	lnH	0.50^{**}	lnH	0.69^{*}	lnH	0.74^{*}
	(2.73)		(2.29)		(1.83)		(1.85)
COR	-0.16^{*}	COR	-0.19^{**}	COR	-0.31^{*}	COR	-0.24^{*}
	(−1.91)		(−2.03)		(−1.92)		(−1.79)

续表

方程 9		方程 10		方程 11		方程 12	
FDI	0.33^{**}	FDI	-0.95^{***}	FDIch	-0.21^{***}	FDIel	0.05^{*}
（COR ≤ 0.91）	（2.52）	（H ≤ 0.74）	（-4.85）		（-7.26）		（1.72）
FDI	-0.14	fdis	0.31^{*}	W	755	W	688
（0.91~6.56）	（-1.35）	（cor>0.74）	（1.69）		[0.000]		[0.000]
FDI	-0.54^{***}						
（COR>6.56）	（-3.32）						

5.5.3 扩展分析

由于省级层面门槛估计和 FDI 对比考察更为全面，本章以省级层面的估计结果为基础，进一步深入扩展分析 FDI 对中国环境规制的影响。由门槛估计可知，至少当 $cor \leqslant 3.09$ 时，FDI 才能使环境规制有效提升；或者当 $h > 6.46$ 时，FDI 才有利于地区环境规制加强。因此，本章假说 $cor \leqslant 3.09$ 为低腐败阶段，$h > 6.46$ 为高人力资本阶段。图 5–1 给出了 1995—2013 年低腐败、高人力资本的省（区、市）数量，通过分析两类省（区、市）的数量变化，可以简单分析 FDI 对中国环境规制影响的动态变化。由 *cor* 变化可知，1998 年之前，只有少数省（区、市）（3 个）属于低腐败阶段；随着 1998 年政府机构改革和诸如《中共党员领导干部廉洁从政若干准则（试行）》等系列规章制度的出台，低腐败省份迅速上升至 16 个左右；2003 年以后，随着“教育、制度、监督”三位一体反腐体系的建立和公务员工资调整，低腐败省区数量 2006 年上升到 20 个以上，但 2009 年以后则稳定在 22 个左右。这意味着，随着中国反腐工作的深入，FDI 对环境规制的积极影响不断增强，但当前各地区通过反腐败改善 FDI 环境规制效应的努力仍有待进一步提升。由 *h* 的变化可知，1999 年以前，处于高人力资本的省份数量极少，只有 2 个左右（北京、上海）；而随着 1999 年开始的高等教育的快速发展，处于高人力资本的省份持续快速增长，2007

年开始，全国大多数（16个）省份已经跨入高人力资本省份，2013年甚至达到24个。这表明，伴随地区人力资本提升，FDI对中国环境规制的积极影响不断加深，加大人力资本投入是各地区实现经济和环境和谐发展的有效途径。

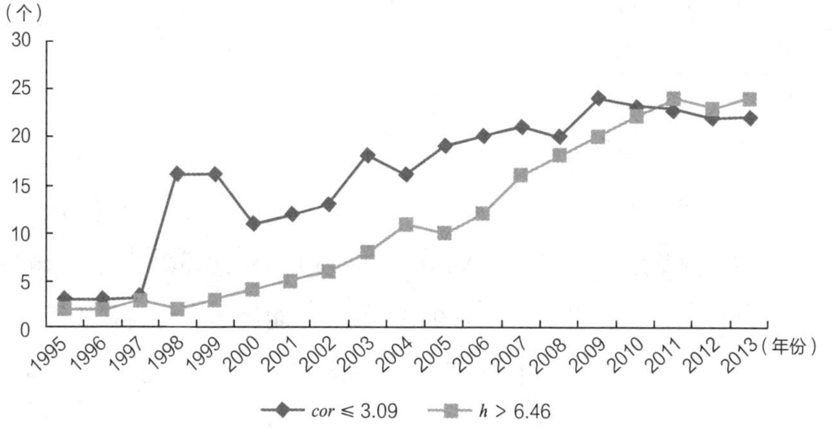

图 5-1　1995—2013年低腐败（*cor*）和高人力资本（*h*）省份数量的变化

由分来源FDI的比较可知，相比其他地区FDI，港澳台FDI对中国环境规制存在比较显著的负面影响。图5-2给出了1997—2013年港澳台和其他来源外资占全国实际利用外资总额的比重。由图5-2可知，1997年港澳台外资占比高于其他来源外资10%左右；但1998年亚洲金融危机之后，其他来源外资占比开始超过港澳台外资，并在2005年达到最高水平65%，此后虽有所下降，但2009年之前仍高于港澳台外资；2009年之后，港澳台外资开始超过其他来源外资并稳步上升，2013年达到65%。这意味着，1998—2008年，FDI对中国环境规制的影响整体以积极影响为主；但2009年之后，伴随港澳台外资占比的提升，FDI对中国环境规制的负面影响不断增强。这表明，面对次贷危机后中国外资来源地结构的显著变化，加强对引入外资的环境管理和监督变得更加紧要。

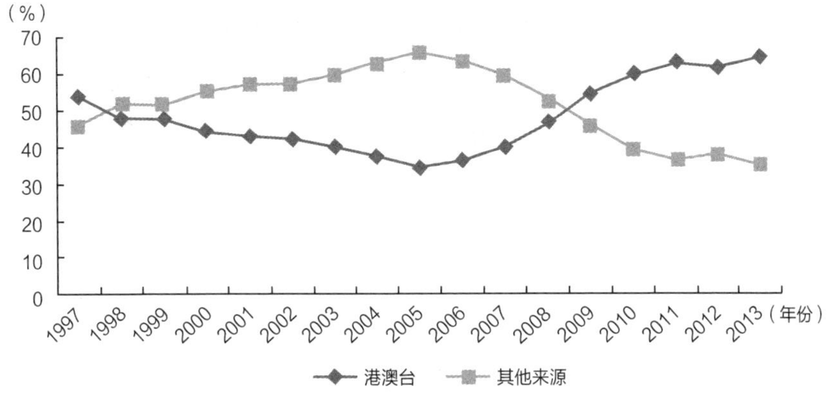

图 5-2　1997—2013 年港澳台和其他来源外资占全国实际利用外资总额的比重

5.6　结论与政策建议

从地区腐败程度、人力资本和 FDI 来源影响角度，本章提出 FDI 对中国地区环境规制影响的三个理论假说，并且分别以 1995—2010 年中国 29 个省级地区和 2003—2013 年 203 个地级城市为研究对象，进行了较为系统的实证检验。结论证实了本章的三个假说，即 FDI 对地区环境规制的影响存在显著的腐败门槛效应、人力资本门槛效应，非港澳台地区 FDI 对地区环境规制有积极影响。同时，FDI 对中国环境规制影响的动态变化表明，基于地区腐败和人力资本门槛视角，FDI 对多数地区的环境规制具有正面影响；但从外资来源视角来看，FDI 对地区环境规制的负面影响正在不断加深。

对于“十三五”时期中国腐败治理、人力资本提升、外资利用、产业升级和研发加强以推动地区环境治理提升，本章结论具有重要政策含义：

第一，加大反腐败力度，优化地区环境治理的制度环境。研究表明，腐败程度较高时，FDI将带来地区环境规制的显著下降。这意味着，要想发挥FDI对中国环境规制的积极作用，党和政府必须从自身出发，通过预防教育、制度建设和腐败惩治全面加大地区反腐败力度：深入贯彻“十三五”规划“全面从严治党”的指示精神，落实“三严三实”要求，落实党风廉政建设主体责任和监督责任；加快推进反腐败制度立法，完善惩治和预防腐败体系；继续加强贪污贿赂等职务性犯罪惩治力度，深入开展反腐败斗争，为地区提升环境治理、有效利用外资环境技术溢出创造良好制度环境。

第二，强化人力资本投资，提升地区环境技术和环保监督水平。研究表明，只有地区人力资本水平较高时，FDI才能更加有效地促进当地环境规制提升。这意味着，地方政府必须深入贯彻“十三五”规划“建设人才强国”的指示精神，推动人才结构战略性调整，突出环保领域“高精尖缺”人才发展导向，优化人力资本配置，促进环保技术全面提升；继续坚持“科教兴国”战略，加大普通教育和职业教育资金支持力度，全面提高教育质量，为FDI环境技术溢出创造良好环境；全面落实《环境保护法》要求，加强环境保护宣传、教育和普及工作，鼓励基层群众性自治组织、社会组织、环境保护志愿者开展环境保护法律法规和环境保护知识的宣传，营造保护环境的良好风气。

第三，完善外资环保监督和保障制度，提升地区外资环境技术水平。研究表明，虽然FDI整体有利于地区环境规制提升，地区发展环境和外资来源不同时，FDI的影响也存在一定差异。这就意味着，地方政府在坚持“对外开放”基本国策、加大外资引进的同时，必须严格落实《环境保护法》中“禁止引进不符合我国环境保护规定的技术、设备、材料和产品”的外资监管要求，优化完善符合环保要求的外资规模、技术和行业准入制度；在全面实行准入前国民待遇加负面清单管理制度、优化外资发展环境的同时，加强对引进外资企业的环保监督，规范地方政府与外资企业关系，发挥外资企业对环境规制的积极作用，实现“十三五”规划“引资和引技引智并举，发展更高层次的开放型经济”的外资利用新格局。

第四，促进产业和制造业的绿色发展，提升地区环境治理水平。研究表明，第二产业比重上升对地区环境治理具有显著负面影响。这意味着，地方政府要深入贯彻“十三五”规划“更加注重供给侧结构性改革”的要求，积极化解结构性产能过剩，推动产业结构调整升级；全面贯彻《中国制造2025》计划，推进传统制造业绿色改造，建立绿色、低碳、循环的产业体系，鼓励企业工艺技术装备更新改造，推进制造业绿色发展；积极落实《环境保护法》要求，改革环境治理基础制度，实行省级以下环保机构监测监察执法垂直管理制度，建立覆盖所有固定污染源的企业排放许可制，强化企业污染防治和监督。

第五，加大研发投入，推动发展模式和生产模式绿色转型。研究表明，加大研发投入对地区环境治理提升具有显著的积极影响。这意味着，地方政府应当全面深入实施“十三五”规划“创新驱动发展战略”，持续加大研发投入，发挥科技创新在全面创新中的引领作用，强化原始创新、集成创新和引进消化吸收再创新，促进经济发展模式绿色低碳转型；同时，积极贯彻《环境保护法》要求，激励企业在清洁能源、清洁生产领域的研发投入，鼓励企业采用资源利用率高、污染物排放量少的工艺、设备以及废弃物综合利用技术和污染物无害化处理技术，全面减少污染物的产生。

6 公众参与对地方政府环境治理的影响

环境污染问题已经成为中国经济社会可持续发展面临的重大挑战。近年来，各地日益加剧的雾霾天气、不断曝光的工业废水废气偷排事件、遍布全国的“血铅超标”和“癌症村”问题等环境污染事件无不表明，“中国环境承载能力已经达到或接近上限”[①]，环境治理刻不容缓。环境污染作为具有显著“负外部性”的行为，加上环境治理的公共物品属性、产权模糊特征，市场机制进行环境治理时面临着“市场失灵”的风险。地方各级政府作为公共利益代表，就必须采取行之有效的举措进行环境治理。2014年修订的《中华人民共和国环境保护法》也明确指出，“地方各级人民政府应当对本行政区域的环境质量负责，依照有关法律的规定对资源保护和污染防治等环境保护工作实施监督管理”。然而，地方政府进行环境治理时，由于治理行为经常受到“经济锦标赛”竞争或地方财力限制而发生政策扭曲，加上政府环境治理时存在的信息不完全、监督手段相对单一等问题，环境治理中“政府失灵”现象也日益突出。而社会公众作为环境污染事件的受害者或利益关联方，在政府环境治理不力时，通过环境信访、环保组织介入、环境诉讼或发动舆论攻势等诸多渠道对政府环境治理行为进

① 习近平总书记在2014年12月11日中央经济工作会议上的重要讲话。

行全方位的监督，提升了政府环境治理政策的科学性、执法的有效性和投资的针对性。因此，环保公众参与是提升中国环境治理水平、解决环境治理中“政府失灵”的重要途径（Ren 等，2014）。

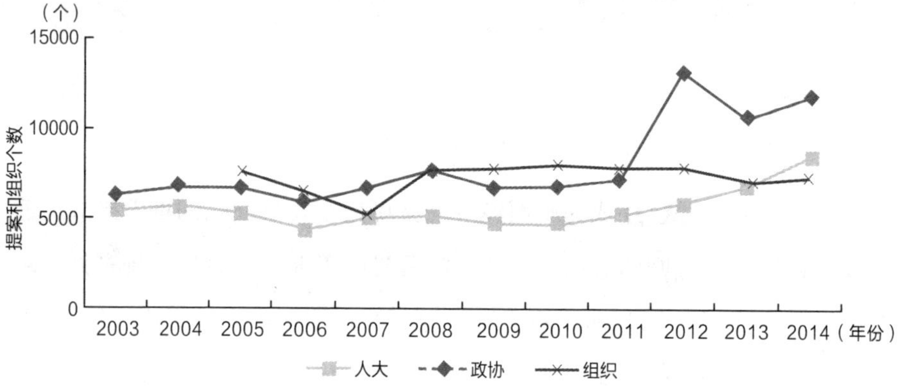

图 6-1　2003—2014 年全国 30 个省（区、市）

环保组织个数和人大、政协提案总数变化

伴随环境污染对民众生活和福利负面影响的日益加重、公众环保意识的不断提升，越来越多的公众开始积极投入环境保护当中。图 6-1 反映了 2003—2014 年全国 30 个省（区、市）人大环保建议、政协环保提案和环保组织总数的变动。图 6-2 反映了 2003—2016 年全国 30 个省（区、市）环境保护网络搜索日均指数和环境信访总人次。由图 6-2 可知，除了环境信访人数在期间出现较大波动外，全国范围内公众通过各种渠道对环境保护问题的关注和参与度都在持续提升。

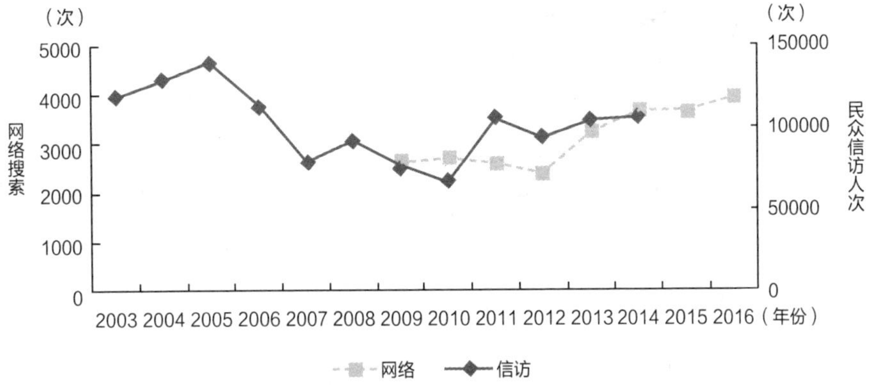

图 6-2 2003—2016 年全国 30 个省（区、市）
环保信访人数和环保网络关注变化

虽然公众参与环境保护的热情不断高涨，但在中国现行环境治理体制下，政府在环境治理中仍然发挥着主导作用（吴建南等，2016；张同斌等，2017）。无论是地区环境保护政策的制定调整，还是环保执法监督、环境治理投资等方面，政府仍然承担了地区环境治理的主要责任。这就意味着，公众环保参与作为环保领域“政府失灵”的主要回应，公众参与能否有效改善环境质量，其对地方政府环境治理的影响至关重要。公众参与能否有效提升地方政府环境治理水平？公众参与主要通过何种渠道对地方政府环境治理发挥积极作用？公众参与对地方政府何种方式环境治理的积极作用更为明显？现有文献对此尚未有较为全面有效的回答。因此，本章主旨在于考察公众参与对地方政府环境治理的影响机制和作用效果。通过环保公众参与影响地方政府环境治埋机制的梳理和 2003—2013 年中国 30 个省（区、市）经验的实证检验，本章较为系统地考察了环保公众参与对地方政府环境治理的影响机制和作用效果，研究结论有助于反思现行环保公众参与和政府环境治理制度存在的问题，以期为相关政策的制定设计提供经验参考。

6.1 文献述评和理论假说

6.1.1 文献述评

伴随20世纪西方国家“新”社会运动的兴起，公众参与环保的热情不断高涨、参与环保的途径不断丰富，参与环保的程度也不断加深，国内外对该领域的研究也不断拓展。整体来说，公众参与环保的研究可以分为以下两大类：

第一类，公众参与环保活动本身的分析。部分学者关注公众参与环保活动的根本动因。Tang 和 Song（2012）对中国公众参与环境保护的相关文献进行梳理后发现，公众利益和生命财产受到污染侵害是公众参与环境保护的根本动因。崔岩和尹木子（2015）利用全国层面的调查问卷数据，分析了青年公众参与环保组织的根本动因。他们认为，环境污染的驱动、对政府环境治理信心不足是公众积极参与环保组织的根本动因。此外，利用公众参与环保的案例，探讨环保公众参与作用机制的研究也比较多见。李丁等（2015）通过梳理全国范围内新建 PX 项目事件的发展演变，分析了国内公众网络参与环保的发生和作用机制；吴柳芬和洪大用（2015）以雾霾政策制定形成为案例，分析了公众参与环保与政府政策制定的相互作用机制；Wang 和 Bryer（2013）对两起发生在美国加利福尼亚的环保公众参与事件分析后发现，政府行政管理投入增加并不能有效地降低环保参与人数。更多的学者则关注哪些因素影响了公众参与环保活动。Steel（1996）对美国公民的调查研究表明，性别是影响环保公众参与的重要因素，即女性比男性更愿意参与环保活动；祁玲玲等（2013）利用中国省（区、市）数据的研究发现，地区环境执法能力提升有效减少了民众环保上访，而社团组织增加则一定程度降低了民众环保来信式抱怨；曾婧婧和胡锦绣（2015）对中国省（区、市）的研究发现，地区经济社会发展是公众参与环保活动的推动因素，而政府环境治理政策有效减少了人大和政协的环保提案；王玉君和韩冬临（2016）利用中国综合社会调查数据研究发现，经济发展是公众参与环保的积极因素，而地区环境污染对公众参与环保的影响却不太确定。现有文献涉及了公众环保参与的诸多方面，但对环保公众参与政府环境治理的互动机制的研究相对不足，少量研究也主要是案例式的探讨或者是理论式的总结，缺乏环保公众参与对政府环境治理作用机制的系统梳理，利用实证方法对相关作用机制进行检验分析的研究更加少见。

第二类，公众参与对地区环境污染（治理）影响的研究。部分学者认为，公众参与能够有效改善地区环境质量。Pargal 和 Wheeler（1996）以印度尼西亚厂商环境治理为研究对象，发现参与公众的教育水平越高，厂商污染量排放越低；Wang（2000）对中国 1500 家工厂的实证研究发现，工厂周边社区规模增大将显著降低厂商污染排放；Kathuria（2007）对印度的研究发现，地区报刊水污染报道的增加将显著抑制企业污染行为；郑思齐等（2013）以中国 86 个地市为研究对象，发现地区公众“环境污染”网络搜索指数的上升能够促进地区环境质量改善；于文超（2015）对中国省（区、市）的实证研究发现，信访、地区人大和政协的环境保护提案均能有效提升地区环境治理效率；但是，另一些学者的研究却并不支持环保公众参与的积极作用。Pargal 等（1996）对印度尼西亚 250 家厂商的研究表明，公众参与并未有效地降低企业污染排放；李永友和沈坤荣（2008）基于中国省（区、市）的研究表明，公众环保信访并未有效降低地区污染排放；吴建南等（2016）对中国省（区、市）的研究发现，环保组织参与却并未显著降低污染物排放；韩超等（2016）对中国 287 个地市的研究发现，公众环保信访并不能有效地提升地区环境质量。公众参与环保是否有效提升了地区环境质量？现有研究并未给出一致结论。本章认为，现有研究比较关注公众参与环保活动与地区环境质量之间的直接关系，而忽视了环保公众参与的积极作用更多是通过其对政府环境治理的互动影响、对政府环境治理的有效监督来实现的这一现实，单纯地就公众参与环保与环境质量进行实证考察只能是“黑箱”式的关系检验，无法深入理解公众参与对环境治理的作用机制和影响效果。

6.1.2 理论假说

当前，地方政府环境治理职责的履行主要通过环保立法、环保执法处罚和环境污染治理投资三种方式实现。研究发现，不同方式的政府环境治理作用机制存在一定差异，其最终环境治理效果也显著不同（李真和张梦，2016）。另外，公众也可以通过多种渠道参与环境保护活动。通常来说，既包括公民自发的环境信访、网络舆论监督等非组织性的公众参与，也包括环保组织介入、人大和政协议案监督等组织性较强的公众参与。相关研究表明，不同渠道的公众参与的主要动因存在显著差异，其应对的环境污染问题也有所不同，对不同方式政府环境治理的影响也会存在一定差异（祁玲玲等，2013；曾婧婧和胡锦绣，2015）。通过研究和对相关事实的梳理，本章简要探讨了不同渠道公众参与对地方政府环境治理不同方式的影响机制和效果差异。

公众参与对政府环境立法的影响。公众信访作为中国民众政治参与和表达自身诉求的重要正规渠道，其对疏解民意、缓和社会矛盾冲突具有重要意义。而现实的环保信访案例分析表明，环保信访活动更多是对具体环境污染事件的意见表达，对制度性环保立法的促进作用可能很难在短期显现。同样，网络舆论监督作为一种成本低廉、能够有效反映民众对具体污染事件意见的重要渠道，反映了公众参与环保的新趋势。但普通公众在环保信息获取、专业知识素养方面仍存在明显不足，网络环保舆论对环保立法的促进作用也需要较长时间才能体现（吴柳芬和洪大用，2015）。在中国现行政治体制下，人大和政协机构作为重要的立法、参政议政机关，两类组织内部代表的意见表达更容易被决策者所倾听和采纳，从而对环保领域立法产生直接影响。环保组织作为注册成立的社会组织，具有更加完善的环保信息获取渠道、专业的环保分析能力和丰富的人才储备，对普通民众环保意识的提升具有重要影响，能够为政府环境立法提供更加专业可靠的建议。为此，本章提出以下理论假说：

假说 1：环保信访、网络环保舆论对政府环境立法的积极影响可能并不显著，而环保组织、人大和政协环保提案会对政府环境立法产生显著积极影响。

公众参与对政府环境执法的影响。通常来说，环保信访是公众对环保违法案件侵害自身利益后较为强烈的意见反馈，环保信访增加将对地方环保执法部门产生直接压力，也能够为环保执法部门提供更多环保违法查处线索，会对政府环境执法产生显著积极影响。而环保网路舆论更多是针对某一环境问题的激烈讨论和意见反馈，虽然能够对相关领域或某一时期的环境执法产生促进作用，但环保执法部门受到地方政府长期经济发展目标影响，环境执法更多是“选择性政策执行”（韩超等，2016）。从当前中国环保组织所发挥的功能来看，环保组织的主要作用是宣传绿色理念、环保教育培训、环境权益维护以及自发性的环保污染监督，环保组织发展会对地区环境执法产生有效促进（Tang 和 Song，2012）。人大和政协提案作为公众通过权力组织表达意见的有效渠道，其环保提案将在一定时期内得到政府有关部门的直接回应，其对地方政府环境执法的压力和促进作用也会十分明显（于文超，2015）。为此，本章提出以下理论假说：

假说 2：环保信访、环保组织、人大和政协环保提案都会对政府环境执法产生显著促进，网络环保舆论此方面影响可能并不显著。

公众参与对政府环境治理投资的影响。研究表明，受到地区“经济锦标赛”竞争的影响，地方政府的财政预算支出更多是以地区经济发展为主要目的，加上分税制之后地方财政给付能力受到制约，公众环保信访很难使地方政府治理投资显著提升（韩超等，2016）。网络环保舆论方面，由于公众的网络环保舆论一定程度上避免了传统媒体的宣传限制，具有传递快、影响广的特点，会对地方政府及其上级政府产生较大压力，地方政府为缓解舆论压力，通常会以相关领域环保投资增加作为回应（郑思齐等，2013）。由于政府环境治理资金支出更多是政府内部的投资决策，人大和政协环保提案作为体制内环保声音，环保提案会对政府环境治理投资产生显著促进作用；而多数地方环保组织作为体制外公益性自治机构，其组织运行通常受到地方政府的干预和指导，其直接影响更多体现在对普通民众环保活动的促进、环保理念的宣传、专业环保研究的提供，很难对政府环境治理投资产生直接影响（张同斌等，2017）。为此，本章提出以下理论假说：

假说3：网络环保舆论、人大和政协环保提案会对政府环境治理投资产生显著促进作用，环保信访、环保组织此方面的效果可能不甚显著。

6.2 研究设计

6.2.1 模型构建

为对理论假说进行检验，以郑思齐等（2013）、于文超（2015）等环境治理的研究框架为基础，构建本章地方政府环境治理影响因素计量模型如下：

$$gov_{i,t}=\beta_0+\beta_1 ey_{i,t}+\beta_2 ey^2_{i,t-1}+\beta_3 s_{i,t}+\beta_4 part_{i,t-1}+\beta_5 pub_{i,t}+\beta_6 h_{i,t}+\beta_7 den_{i,t}+\varepsilon_{i,t} \tag{6-1}$$

其中，t、t 为省份、年份，β_0 是常数项，β_1 ～ β_7 为估计系数，ε 是随机扰动项。

gov 为政府环境治理水平。为更加全面客观地考察地方政府环境治理水平，借鉴李真和张梦（2016）、曾婧婧和胡锦绣（2015）的做法，本章以每年各地区出台的环境保护法律法规条文数目表示政府环境立法强度（*law*）、各地区单位环保机构工作人员环保案件查处数表示政府环境执法力度（*enf*）、政府财政环境治理财政支出占当地 GDP 比重表示政府环境投资水平（*inv*）。各地区环保法规统计方面，由于官方统计数据的缺失，本章借鉴曾婧婧和胡锦绣（2015）的做法，在法律之星数据库中搜索每年各地区出台的环境保护法规文件数来衡量。由于法律之星——中国法律检索系统涵盖了中央和地方政府批准和颁布的各类现行法律、行政法规、部门规章、司法解释、地方性法规、规章、规范性文件，是全国信息量最大、更新速度最快的法律检索数据库，用其检索的地方环保法规数衡量地区环境立法是比较合适的。

ey 为人均 GDP，表示地区经济发展水平。一般来说，地区经济发展水平是政府环境治理的重要影响因素：一方面，地区经济发展为政府提供财力支持以进行环保治理投资；另一方面，地区经济发展也会导致民众越发强烈的环保需求（蔡昉等，2008）。而且，政府环境治理与地区经济发展之间可能存在一定的非线性关系，所以本章同时引入了人均收入的平方项（ey^2）。

s 为地区产业结构。研究表明，工业化快速发展是当前中国环境污染加剧的重要诱因；而且，产业结构背后的人员就业、经济产值也直接影响到地方政府的环境治理力度和决心（吴建南等，2016）。所以，本章用第二产业增加值占 GDP 比重表示产业结构。

part 为地区环保公众参与水平。由文献综述和理论机制分析可知，环保公众参与可以通过多种渠道对地方政府环境治理产生影响。为全面考察环保公众参与的影响，借鉴曾婧婧和胡锦绣（2015）等的做法，本章用地区每十万常住人口的环保信访人次表示环保信访水平（*pet*），用地区每

百万常住人口的人大、政协环保提案总数表示公众通过人大政协的环保参与力度（*rec*）。环保的网络舆论监督难以直接测度，但郑思齐等（2013）利用Google的搜索指数构建了2003—2009年86个地市的公众网络环保舆论监督水平。借鉴他们的做法，作者在百度搜索指数中选定时段、选定地区，手工汇总了2009—2013年中国30个省（区、市）“环境污染”的日平均搜索次数。考虑到网民人数会影响到搜索次数，本章用各地区每年百万网民的日均搜索次数表示公众的网络环保舆论监督情况（*net*）。公众通过环保组织介入方面，借鉴吴建南（2016）等的做法，本章统计了2005—2013年各省（区、市）环境保护类基金会、社会团体和民办非企业组织的个数。考虑到地区环保组织个数会受到地区人口总数的影响，用各地区每百万常住人口环保组织个数表示环保组织水平（*org*）。

*pub*为地方政府财政分权情况。一方面，财政分权降低了地方政府在公共环保方面的支出能力，不利于政府环保投资增加；另一方面，财政分权也加剧了地方经济竞争，会导致地方政府牺牲环境而发展经济的短视行为出现，不利于地方环境治理提升（闫文娟，2012）。借鉴多数做法，用各省（区、市）预算内本级财政支出/中央预算内本级财政支出表示财政分权程度。

*h*为人力资本水平。由于人力资本是地区环境技术标准选择、民众环保意识的重要影响因素，地区人力资本的提升必然会对政府环境治理产生积极影响。借鉴多数做法，本章用地区人口的平均受教育程度表示人力资本。

*den*为地区人口密度状况。一般来说，伴随人口密度提升，地方政府环境治理的压力也不断增大，环境治理效率也会相对较高，有可能带来政府环境治理的提升。

面板数据估计时，通常涉及随机效应模型（Random-effects Models，RE）或者固定效应模型（Fixed-effects Models，FE）的选择问题，本章用Hausman检验结果判断采用固定效应（FE）还是随机效应（RE）。研究表明，人均收入水平在对地方政府环境治理产生影响的同时，地方政府环境治理行为本身也会对地区经济发展产生直接影响；政府环境治理与环保公众参与之间也存在相互影响（蔡昉等，2008）。为避免此种互为因果关系导致的内生性偏误，本章将滞后一期的人均收入、环保公众参与变量作为解释变量纳入估计方程当中。同时，考虑到各省（区、市）研究对象可能存在的截面异方差问题，具体估计时在对计量模型以固定效应或随机效应模型进行最小二乘（Ordinary Least Square，OLS）估计基础上，本章同时采用Cross-section 加权的广义最小二乘（Generalized Least Square，GLS）估计对式（6-1）进行计量估计，以更加全面地考察相关因素对政府环境治理的影响。

6.2.2 数据来源与说明

表 6-1 变量的统计性描述

变量	单位	平均值	最小值	最大值	标准差
law	环保法律法规（件）	25.39	0	208	30.92
enf	单位环保人员执法案件数（例 / 人）	0.59	0.01	7.99	0.92
inv	环保投资占 GDP 比重（‰）	6.90	0.84	31.47	4.96
ey	人均 GDP（万元）	1.14	0.28	3.18	0.65
s	第二产业增加值占 GDP 比重（%）	47.91	22.3	61.5	7.69
pet	环保信访人次（次 / 十万人口）	8.19	0.01	42.7	6.02
rec	人大政协提案数（件 / 百万人口）	1.02	0	7.24	0.71
org	环保组织数（个 / 百万人口）	6.23	1.42	40.39	6.56
net	网络舆论（日均搜索次 / 百万网民）	7.77	1.83	38.3	5.27
pub	地方人均财政支出占比（%）	0.79	0.56	0.94	0.08
h	人均受教育年限（年）	6.69	2.93	11.42	1.40
den	人口密度（人 / 平方公里）	427.63	7.40	3808.85	609.25

受地方政府环境治理数据可得性限制，本研究以 2003—2013 年中国30个省份（不含西藏和港澳台）为研究对象[①]，为剔除价格因素影响，所有

① 地方政府环境治理投资受到数据可得性限制，研究时段为 2007—2013 年。

涉及价值形态的数据均调整为2000年为基期的不变价。其中，各地区政府环境执法、政府环保投资、环保信访水平、环保人大和政协提案等数据主要源自《中国环境年鉴》《中国环境统计年鉴》和《中国统计年鉴》；环保组织个数的数据源自《中国民政统计年鉴》；各地区人均GDP、产业结构、人力资本、财政分权和人口密度等数据源自《中国统计年鉴》《中国人口统计年鉴》。

变量的统计性描述如表6–1所示。

6.3 计量结果分析

表6–2显示了公众参与对地方政府环境立法（*law*）的影响。其中，模型1和模型2、模型3和模型4、模型5和模型6以及模型7和模型8分别是以环保信访（*pet*）、网络环保舆论（*net*）、环保组织（*org*）和人大政协环保提案（*rec*）表示环保公众参与（*part*）的估计结果。OLS和GLS不同方法的比较显示，GLS估计结果的显著性、拟合度更好，本章在实际解释中将主要以GLS估计结果为准。

模型1至模型8中，*ey*、ey^2估计系数分别为正、负，且在GLS估计方法下均统计显著，说明伴随地区人均收入提高，收入增长与地区环境立法呈现先增加后下降态势。这是因为，收入水平相对较低的阶段经济发展主要以工业化为动力，为政府环保政策制定带来较大压力，而收入水平较高时经济增长主要以服务业等低污染产业发展为主要驱动，环境政策制定的压力相对较低。*S*估计系数显著为正值，说明地区工业化水平提升为地方政府环境治理带来较多的环境治理压力，显著促进了政府环境立法的加强。*pub*的估计系数显著为负值，这与绝大多数研究结论一致，说明财政分权显著弱化了地方政府环境保护的资金支持和环境治理的积极性，也减弱了地方政府环保立法的动力（闫文娟，2012）。*h* 的估计系数显著为正值，这与郑思齐等研究结论一致，说明人力资本提升有助于当地环保意识的增强，也将促进地方政府积极进行环保立法以进行环境治理（郑思齐等，2013）。*den* 估计系数显著为正，说明地区人口密度的增加会给地方政府环境治理产生一定压力，政府会通过增强环境立法进行回应。本章重点关注环保公众参与（*part*）对地方政府环境立法的影响。由表 6-2 可知，环保信访（*pet*）、网络环保舆论监督（*net*）的估计系数均为正值，但统计上未通过显著性检验，这表明环保信访、环保舆论监督对地方政府环保立法的积极作用并不明显；环保组织（*org*）和人大政协环保提案（*rec*）的估计系数均显著为正，表明公众参与通过这两个渠道显著提升了地方政府环保立法水平。此结果与本章理论预期基本一致，验证了理论假说 1 的存在性。

表 6-2　公众参与对地方政府环境立法的影响

政府治理	law							
公众参与	pet		net		org		rec	
	模型 1	模型 2	模型 3	模型 4	模型 5	模型 6	模型 7	模型 8
ey	19.21	23.29*	25.10	23.86*	24.16	24.25*	13.71	15.75**
	（0.87）	（1.65）	（0.65）	（1.96）	（0.66）	（1.76）	（0.63）	（2.09）
ey^2	−11.61**	15.02***	−14.62	−13.68**	−7.36	−11.96**	−9.75*	−13.04***
	（−2.05）	（−3.33）	（−1.51）	（−2.21）	（−0.87）	（−2.19）	（−1.75）	（−2.85）
S	0.28	0.72***	0.19	0.57**	0.75	0.87***	0.37	0.76***
	（0.77）	（3.02）	（0.27）	（2.41）	（1.29）	（3.07）	（1.04）	（3.17）
part	0.44	0.58	0.73	0.94	0.16	0.19*	1.23*	1.36**
	（0.93）	（1.28）	（1.07）	（1.50）	（1.33）	（1.65）	（1.70）	（2.58）
pub	−56.88***	−54.96**	−68.47*	−50.93***	−67.26	−62.13**	−63.45***	−60.59**
	（−4.23）	（−2.04）	（−1.83）	（−2.96）	（−1.28）	（−2.42）	（−4.42）	（−2.19）
h	5.08	7.08***	7.33	9.52**	3.71	9.91***	5.69*	7.66***
	（1.56）	（3.52）	（1.32）	（2.49）	（0.62）	（3.95）	（1.76）	（3.57）
den	0.009	0.015***	0.008	0.011*	0.051**	0.014**	0.035	0.014***
	（1.26）	（3.13）	（0.74）	（1.66）	（2.06）	（2.45）	（1.01）	（2.83）

续表

政府治理	law							
公众参与	pet		net		org		rec	
F（W）	125.94	70.84	65.98	58.62	43.13	54.99	122.49	60.74
	[0.0000]	[0.0000]	[0.0000]	[0.0000]	[0.0000]	[0.0000]	[0.0000]	[0.0000]
方法	OLS	GLS	OLS	GLS	OLS	GLS	OLS	GLS
H	2.91		9.24		14.78		2.74	
	[0.8932]		[0.1608]		[0.0389]		[0.9081]	
FE 或 RE	RE		RE		FE		RE	

注：（ ）内为 t 或 z 统计量，*、**、*** 分别表示 10%、5%、1% 水平上显著；[ ] 内为相应检验的 P 统计值；F（W）表示方程的 F 或 W 检验结果，H 一行为 Hausman 检验值及其概率；表 6–3 中符号含义相同。

表 6–3 显示了公众参与对地方政府环境执法（*enf*）、政府环境投资（*inv*）的影响。由于表 6–2 估计结果显示，GLS 估计结果全面优于 OLS 估计，表 6–3 仅报告 GLS 的估计结果。其中，模型 9 至模型 12 考察公众参与对政府环境执法的影响，模型 13 至模型 16 考察公众参与对政府环境投资的影响。由于表 6–3 中 *pub*、*h*、*s* 的估计结果与表 6–2 类似，不再赘述。模型 9 至模型 12 中，*ey*、ey^2 估计系数分别显著为正、负，说明伴随地区收入水平提高，收入增长与政府环境执法（*enf*）呈现先增加后下降的态势。这可能是，经济发展初期粗放式的发展模式要求政府必须加强环境执法以降低环境污染损害，但当地区经济发展水平较高时，环境治理技术的促进作用会不断显现，加上产业结构、增长方式的有效转型，经济增长带来环境执法压力的显著降低（吴建南等，2016）。*den* 估计系数显著为负，这与理论预期很不一致，但与闫文娟的估计类似，这可能反映了地方政府的环境治理执法更多的是“对上负责”的特点（闫文娟，2012）。公众参与对政府环境执法（*enf*）的影响存在显著差异。具体来说，环保信访（*pet*）、环保组织介入（*org*）和人大政协环保提案（*rec*）的估计系数均显

著为正，说明这三个渠道公众参与显著提升了地方政府环境执法；*net* 的估计系数却未通过显著性检验，说明网络环保舆论（*net*）对环境执法的积极影响并不显著。这与理论预期一致，验证了理论假说 3 的存在性。

表 6–3　公众参与对地方政府环境执法、政府环境投资的影响

政府治理	enf				inv			
公众参与	pet	net	org	rec	pet	net	org	rec
	模型 9	模型 10	模型 11	模型 12	模型 13	模型 14	模型 15	模型 16
ey	1.36^{***}	1.76^{*}	1.81^{***}	1.56^{***}	-11.96^{***}	-6.93^{***}	-12.11^{***}	-11.64^{***}
	（3.28）	（1.82）	（3.47）	（3.59）	（–6.73）	（–3.85）	（–6.79）	（–6.30）
ey^2	-0.26^{**}	-0.48^{*}	-0.40^{**}	-0.33^{**}	2.37^{***}	1.17^{*}	2.53^{***}	2.43^{***}
	（–2.03）	（–1.67）	（–2.47）	（–2.42）	（4.27）	（1.85）	（4.55）	（4.27）
S	0.02^{***}	0.05^{***}	0.03^{***}	0.02^{***}	0.06^{**}	0.06^{*}	0.05^{*}	0.05^{*}
	（2.78）	（3.10）	（3.23）	（2.82）	（2.10）	（1.87）	（1.90）	（1.81）
part	0.04^{***}	0.02	0.04^{***}	0.07^{***}	0.13	0.38^{***}	0.09	0.57^{**}
	（5.11）	（1.19）	（3.21）	（5.02）	（1.60）	（8.28）	（0.63）	（2.43）
pub	–0.98	-0.77^{**}	–1.34	-1.56^{*}	-74.88^{***}	-55.04^{***}	-69.62^{***}	-75.96^{***}
	（–1.24）	（–2.28）	（–1.16）	（–1.88）	（–18.06）	（ 9.30）	（–16.04）	（–17.56）
h	0.06	0.24^{*}	0.05	0.07	1.49^{***}	1.21^{***}	1.36^{***}	1.71^{***}
	（0.96）	（1.69）	（0.77）	（1.06）	（6.00）	（4.31）	（5.35）	（6.39）
den	-0.002^{*}	–0.001	–0.001	–0.001	-0.006^{*}	–0.001	-0.001^{**}	-0.001^{**}
	（–1.94）	（–1.52）	（–1.32）	（–1.36）	（–1.65）	（–1.20）	（–2.11）	（–2.37）
F（W）	78.70	36.27	44.24	49.94	536.32	531.51	527.92	512.77
	[0.0000]	[0.0000]	[0.0000]	[0.0000]	[0.0000]	[0.0000]	[0.0000]	[0.0000]
方法	GLS	GLS	GLS	GLS	GLS	GLS	GLS	GLS
H	11.76	5.91	9.35	14.60	32.52	45.05	36.94	38.03
	[0.1087]	[0.5509]	[0.2282]	[0.0414]	[0.0000]	[0.0000]	[0.0000]	[0.0000]
FE 或 RE	RE	RE	RE	FE	FE	FE	FE	FE

由表 6–3 可知，模型 13 至模型 16 中，*ey*、ey^2 估计系数分别显著为负、正，说明伴随地区收入水平提高，收入增长与政府环境治理投资（*inv*）呈

现先减少后增加的态势。这可能是，经济发展初期，政府环境治理的民众压力和财政支持力度都比较弱，经济增长不会带来环境治理投资的显著增加，甚至会牺牲环境治理而加快其他领域的投资（蔡昉等，2008）；但当经济发展水平较高时，民众环保需求和政府财力都比较充实时，经济增长将带来环境治理投资的显著增加。公众参与对政府环境治理投资（*inv*）影响也存在显著差异。具体来说，网络环保舆论（*net*）、人大政协环保提案（*rec*）的估计系数均显著为正，说明公众参与通过这两个渠道显著促进了地方政府环境治理投资；环保信访（*pet*）和环保组织（*org*）的正值估计系数却均未通过显著性检验，说明这两个渠道公众参与对政府环境治理投资的积极影响并不明显。此结论与理论预期一致，验证了理论假说 3 的存在性。

6.4 结论与政策启示

本章以 2003—2013 年中国 30 个省（区、市）为研究对象，考察了不同环保公众参与渠道对地方政府不同环境治理方式的影响。研究发现，公众参与对地方政府环境治理产生显著积极影响，但不同渠道的公众参与对政府不同环境治理方式的影响存在显著差异：①地方政府环境立法方面，由于环保信访和环保网路舆论关注问题的相对集中，加上其信息获取不完全、专业素养的不足，这两个渠道的公众参与难以有效提升地方政府环境立法水平；而人大政协的环保提案和环保组织由于在政治影响力、专业素养方面的优势，能够对地方政府环境立法产生显著积极影响。②地方政府环境执法方面，由于环保信访、环保组织能够为地方环境执法部门提供直接执法线索，人大政协的环保提案则会给环境执法部门带来直接压力，这些渠道对地方政府环境执法的积极影响十分显著；而网络环保舆论监督受其时效性影响，很难对环保执法产生持续性积极影响。③由于地区“经济锦标赛”竞争对地方环保投资的扭曲，加上环保组织体制外机构属性，环保信访、环保组织很难对地方政府环保投资产生直接促进作用；而地区人大政协提案、网络环保舆论则会对地方政府环保活动产生较大压力，促进地方政府环境治理投资的显著增长。

基于本章结论，以下政策启示值得思考。

第一，地方政府环境立法方面。环保信访、网络环保舆论对政府环境立法的积极影响并未显现，这意味着，地方政府必须改变现有环保立法政府单向主导的模式，积极保障公众参与环境立法的权利，明确公众参与环境立法的具体环节、参与流程，鼓励公众积极通过座谈会、公众会和听证会等多种模式，发挥普通公众在环保立法中的积极作用。

第二，地方政府环保执法方面。网络舆论监督对地方政府环境执法的影响还不甚显著，这意味着，地方政府必须重视互联网等新媒体作为普通公众参与环保活动的重要作用，积极打造环保公众意见搜集整理的网络平台和数据挖掘系统，对民众关切的环保问题制定系统的环保执法响应机制方案，将网络平台作为地方政府环境执法宣传和质量提升的重要媒介。

第三，地方政府环境投资方面。财政分权显著弱化了地方政府的环境治理投资，环保信访、环保组织对地方环境治理投资的积极作用并不明显。这就要求，各级政府应当加快转变单纯以经济发展为主的考核体制，重视环境保护对地区经济社会发展的重要意义，加大环境治理的财政投资力度；建立地方环境信访动态反馈机制，积极引导环保组织等社会资源参与地方环境治理投资，形成政府主导、社会参与、全民关注的环境治理新格局。

7 税收竞争、产业结构调整与地区绿色发展

改革开放以来，伴随着财政包干、分税制等涉及中央—地方关系的财税制度改革的推进，地方政府为了获取更多的财政剩余权、地方官员层级晋升的经济绩效，在地区间展开了激烈的“为增长而竞争”（张军，2005；郭杰和李涛，2009），这被认为是过去40年中国经济持续快速发展的重要动力（张军，2005）。但是，在地方“为增长而竞争”中，税收竞争政策、产业结构调整作为地方政府之间竞争的重要手段（安苑和王珺，2012；储德银和建克成，2014；孔令池等，2017），两者在积极引导资源的跨地区流动以推动地方经济增长的同时，也会通过环境规制的“逐底竞争”对各地区绿色发展产生显著压力。而且，伴随地方税收竞争的加强以及要素在不同部门、不同地区的迁移，地区产业结构和产业政策将发生适应性的调整（孔令池等，2017），这也会对本地和邻近区域的绿色发展产生显著影响（韩永辉等，2015）。因此，长期以来中国经济快速发展和环境污染加剧并存的现实，使得从地方税收竞争、产业结构调整角度考虑地区绿色发展问题，成为众多学者关注的热点之一（原毅军和谢荣辉，2014；李香菊和赵娜，2017）。

近年来，党中央、国务院虽然通过一系列政策法规、环保督察等措施

加大了环境治理力度，但中国环保形势严峻的基本态势并未得到根本性改观：2016年12月，中国持续大范围雾霾的影响范围已经波及17个省（区、市），面积高达142万平方公里；由美国耶鲁大学、哥伦比亚大学联合世界经济论坛发布的“全球环境绩效指数（Environmental Performance Index，EPI）评估报告”也显示，2018年中国EPI总得分为50.74，在参与排名的180个国家和地区中位居第120位。是什么原因导致了中央环保意志在地方政府层面难以得到切实执行呢？地方政府为获得“为增长而竞争”的优势以牺牲（或忽视）环境代价，被众多学者认为是制约地区绿色发展的主要原因（蔡昉等，2008；李胜兰等，2014；踪家峰和杨琦，2015；李香菊和赵娜，2017）。尤其是在中国经济步入新常态的背景下，地方政府通过税收竞争、产业结构调整来稳定经济增长的需求更加迫切，两者对地区绿色发展的影响也会更加显著。这就产生了一系列值得思考的问题，当前地方政府之间日益加强的税收竞争、产业结构调整是否与“十三五”规划倡导的绿色发展理念背离？地区间税收竞争、产业结构调整通过何种机制对地区绿色发展产生影响？是否可以通过某种机制设计，实现地区税收政策、产业结构与绿色发展的协同发展？本章拟对上述问题进行深入研究。在地方财税体制改革不断深入、国内产业结构亟待转型升级、污染防治攻坚战全面打响的背景下，将地方政府税收竞争、产业结构调整和区域绿色发展纳入一个整体性框架研究，对实现新时代中国地区经济高质量增长、绿色协调发展具有重要意义。

7.1 文献评述

福利经济学认为，作为“守夜人”的政府可以通过对排污企业征税，将污染的外部成本“内部化”，运用“庇古税”矫正失灵市场对环境的破坏，可以认为是税收政策对环境污染影响研究的起始。地方政府税收竞争对绿色发展的影响，多数学者侧重从税收竞争对地方政府环境规制的影响进行探讨。例如，Rauscher（2005）认为地方政府采取宽松的环境管制行为会在经济竞争中获取优势，拓宽税基与增加税收，而放弃地区社会福利最大化。Wilson（1999）、Fredriksson 和 Millimet（2002）指出地方政府间税收竞争导致宽松的环境监管与治理标准，会出现破坏性的“逐底竞争”现象（Afonso 和 Furceri，2010）。然而，此类研究对税收竞争的影响渠道和作用机制关注明显不足。另一些学者则从财政分权的角度进行探讨，Li 和 Zhou（2005）认为，在中央和地方政府的财政分权体制下，地方官员更倾向于通过加大基础设施投资来获得税收竞争优势，对公共服务的投资力度会有所减弱，一定程度上加剧了地方环境污染问题；张宏翔等（2015）、贺俊等（2016）则进一步探讨税收竞争通过不同财政分权渠道对地方环境质量的影响。此类研究虽系统分析了财政分权的影响差异，但对资本竞争、产业结构调整等税收竞争影响绿色发展的重要机制关注不够。此外，还有一些学者从其他角度分析了税收竞争对环境污染的影响。李香菊和赵娜（2017）从资本存量变动和地方环保投入角度分析了地方政府税收竞争对不同类型污染物的影响差异；Chirinko 和 Wilson（2010）、崔亚飞和刘小川（2010）的研究则发现，由于地方政府在环境治理中通常会实施“骑跷跷板”策略，地方政府税收竞争对不同污染物的影响存在显著差异；刘洁和李文（2013）、踪家峰和杨琦（2015）等研究发现，由于环境污染在地理空间上具有显著的联动性，其他地区的税收政策调整也会对本地环境污染产生显著影响。此类研究开始关注到税收竞争的渠道影响差异和污染物差异，但对于地区绿色发展的整体考察比较欠缺。整体来看，地方政府税收竞争对绿色发展的影响，现有研究已经做出一定探讨，但在一些方面还有待提升。研究思路上，地方政府税收竞争将对当地产业政策、产业结构产生显著影响，但现有研究并未将税收竞争的产业结构效应纳入分析范畴。在实证研究中，多数研究采用不同污染物排放水平来衡量地区环境质量，而不同污染物物理属性和统计来源的差异会使估计结果存在一定偏差；同时，地方税收竞争对环境污染的影响效果，多数学者利用经济增长对环境污染影响的基本框架进行考察，但对两者互为因果关系可能产生内生性偏误问题关注不够。

产业结构调整与绿色发展关系的研究方面。Grossman 和 Krueger（1995）的经典研究将经济发展对环境污染的影响分解为规模效应、结构效应和技术效应。其中，结构效应主要是指经济结构、产业结构调整变化对环境污染的影响。多数学者借助 Grossman 和 Krueger（1995）的环境库兹涅茨曲线（Environmental Kuznets Curve，EKC）框架，考察产业结构调整对环境污染的影响。一些学者认为，由于第二产业具有更高的污染强度，伴随产业结构由二产主导向三产主导的转换，地区环境质量也会发生显著变化，但产业结构调整对环境质量的影响方向却存在显著差异。如陆菁（2007）、Shandra 等（2008）、Jalil 和 Feridum（2011）、黄亮雄等（2012）、韩永辉等（2015）研究发现，产业结构的优化升级能够在一定程度上促进地区绿色发展；而 Bruvoll 和 Medin（2003）、Levinson（2009）、李斌和赵新华（2011）的研究则表明，产业结构调整在地区环境质量改善中并未起到关键作用，技术进步对地区环境质量的改善作用更加显著。当然，相关研究冲突除了方法和数据来源的问题，一个重要的原因则是并无较为科学系统的指标来衡量地区绿色发展（韩永辉等，2015）。另外一些学者则认为，产业结构调整与环境质量之间的关系并非简单的单向联系（原毅军和谢荣辉，2014），地区环境政策（或环境质量）的改变也会对当地产业政策、产业结构产生一定的"倒逼式"影响①。李强（2013）研究发现，环境规制加强会提升服务业相对于工业部门的比重，且东部地区环境规制对产业结构优化升级的积极作用更加显著；原毅军和谢荣辉（2014）、钟茂初等（2015）的研究表明，环境规制对地区产业结构升级的积极影响存在显著的门槛效应，只有当地区环境规制强度较高时，此种积极效应才能得以有效发挥；周荣蓉（2017）利用地市数据研究发现，环境规制对地区产业结构升级的积极影响存在一定时滞性。整体来看，产业结构调整与地区绿色发展相互影响，现有研究富有成效。但是，现有文献多将产业结构与绿色发展的关系看作单方面的影响，互为因果关系的考察比较少，很难控制产业结构与绿色发展之间的内生性问题；两者之间关系的实证考察也多局限于本地产业结构与当地绿色发展的直接影响，周边地区产业结构调整对本地绿色发展的溢出效应研究相对较少。

有鉴于此，本章以考虑全局参比、超效率和坏产出的基于松弛变量的测度（Slacks Based Measure，SBM）模型来衡量各地区绿色发展，并采用 Dagum 基尼系数分解方法对中国地区间绿色发展的差距态势进行了较为客观的度量，提出对地区绿色发展差异进行空间性分析探索的必要性。而后，以 2000—2014 年中国 30 个省（区、市）为研究对象，通过空间联立方程构建和估计，较为系统地考察了地方税收竞争、产业结构调整对地区绿色发展的复杂影响。本章的主要贡献在于：第一，研究框架方面，尚未有研究将地方政府税收竞争、产业结构调整与地区绿色发展纳入一个整体框架进行分析。本章通过地方税收竞争—产业结构调整—地区绿色发展影响路径的引入，系统地考察了税收竞争、产业结构调整通过不同渠道对地

① Porter 和 Van der Linde（1995）提出的"波特假说"指出，合理的环境规制可能通过激励被规制企业优化资源配置、增加研发投入以创新生产工艺和改进技术水平，带来生产模式和环境技术进步，进而可能促进产业结构的调整优化升级。

区绿色发展的影响差异。第二，研究方法方面，现有研究多采用单方程考察税收竞争、产业结构调整对环境质量的影响，其计量结果多存在一定的内生性偏误，本章通过构建面板联立方程，控制了产业结构调整、经济发展与地区绿色发展的内生性影响，能够更加科学地考察地区税收竞争、产业结构对地区绿色发展的影响。而且，通过地方政府税收竞争、产业结构调整的空间滞后项的引入，得以更加全面地考察地区间税收竞争、产业结构调整对地区绿色发展的影响。第三，绿色发展水平测算和分析方面，本章采用考虑全局参比、超效率和坏产出的 SBM 模型来衡量地区绿色发展水平，能够更加客观地考察税收竞争与地区绿色发展之间的关系；同时，本章采用 Dagum 基尼系数分解方法，对地区间绿色发展的差距态势进行了较为客观的度量和分析，更为直观地考察了中国绿色发展的空间演变态势及其与同期宏观经济政策的关系。

7.2　中国区域绿色发展的测算和地区差距分解

7.2.1　中国区域绿色发展的测算

2011 年，联合国环境规划署在发布的《绿色经济报告》中指出，绿色发展“要求更好地利用自然资源，实现可持续增长”；而在 2012 年中国绿色发展指数报告发布会上，绿色发展作为一种“建立在生态环境容量和资源承载能力的约束条件下，将环境保护作为实现可持续发展重要支柱的经济发展新模式”提出（林永生和晏凌，2012）。因此，本章以此“绿色发展”概念为主要依据，借助中国 30 个省域的 2000—2014 年的面板数据，运用地区存量固定资本、总就业人数、城市建成区面积、农业耕地面积、社会用水总量和能源消费总量等表示投入（杨斌，2009；成金华等，2014），以不变价格的地区生产总值（Gross Domestic Product，GDP）代表好产出，用环境污染物排放量代表坏产出来反映环境约束，通过构建相应的经济—环境效率指数来衡量地区绿色发展。考虑环境污染物构成的多样性，本章用熵权法将多种污染源合成新的环境变量；其中，包括工业废水排放、污染物化学需氧量（工业废水）等液态污染物，工业二氧化硫排放、工业粉尘排放、工业烟尘排放等气体污染物，以及工业固体废弃物排放等（黄建欢等，2014）。进而借助 Tone（2001）的方法，考虑全局参比、超效率和坏产出的 SBM 模型来测度生态效率，以测度的生态效率作为地区绿色发展的代理变量（张雪梅，2013）。*SBM* 模型具有 n 个决策单元，每个决策单元均包含投入向量（向量形式为 $x \in R^m$）、期望产出向量（向量形式为 $y^g \in R^{s1}$）和非期望产出向量（向量形式为 $y^b \in R^{s2}$）。X 为投入矩阵（$X>0$），$X=[x_1, x_2, \cdots, x_n] \in R^{m \times n}$；$Y^g$ 为期望产出矩阵（$Y^g>0$），$Y^g=[y_1^g, y_2^g, \cdots, y_n^g] \in R^{s1 \times n}$；$Y^b$ 为非期望产出矩阵（$Y^b>0$），$Y^b=[y_1^b, y_2^b, \cdots, y_n^b] \in R^{s2 \times n}$。其中，$m$ 为投入指标种类，s_1 为期望产出指标种类，s_2 为非期望产出指标种类。在规模报酬不变条件下生产可能集 P 定义为：$P=\{(x, y^g, y^b) \mid x \geqslant X\lambda,\ y^g \leqslant Y^g\lambda,\ y^b \geqslant Y^b\lambda,\ \lambda \geqslant 0\}$。基于松弛测度条件下非期望产出 SBM 模型下的生态效率（ecoeff）测度公式如下：

$$min\ eco-eff=\frac{1-\frac{1}{m}\sum_{i=1}^{m}\frac{w_i^-}{x_{i0}}}{1+\frac{1}{s_1+s_2}\left(\sum_{r=1}^{s_1}\frac{s_r^g}{y_{r_0}^g}+\sum_{r=1}^{s_2}\frac{s_r^b}{y_{r_0}^b}\right)} \tag{7-1}$$

$$\begin{aligned} s.t.\ \ & x_0=X\lambda+w^- \\ & y_0^g=Y^g\lambda-w^g \\ & y_0^b=Y^b\lambda+w^b \\ & w^- \geqslant 0,\ w^g \geqslant +0,\ w^b \geqslant 0 \end{aligned}$$

其中，*eco-eff* 为测算决策单元的生态效率，λ 为权重系数向量，S_r^g 为测算决策单元的期望产出量，S_r^b 为测算决策单元的非期望产出量。

图 7–1 是 2000 年和 2014 年中国省域绿色发展的演变趋势图①。从不同时期中国省域绿色发展平均水平比较来看，2014 年中国省域绿色发展平均值为 0.759，整体要高于 2000 年的 0.715，表明研究期内中国省域绿色发展水平整体有所提高。同时，从不同时期东部、中部和西部地区不同省份绿色发展的绝对值比较来看，中国省域绿色发展格局呈现“东高西低，逐渐扩散”的非均衡性发展态势，且三大区域内部的差距有所缩小；整体呈现以东部地区“高高集聚”的核心区域，以中部地区“高低集聚”“低高集聚”，以西部地区“低低集聚”的外围区域分布特征，形成空间上邻近的“俱乐部趋同”趋势。因此，本章接下来将运用 Dagum 基尼系数对中国绿色发展的区域内和区域间非均衡发展进行测算与分析，以便更加系统地从时间变化和空间差异的视角考察中国区域绿色发展的演变态势和发展格局，为地方政府税收竞争、产业结构调整与地区绿色发展关系的分析提供一定现实性解释，同时为本章空间计量方法选择和空间效应的引入提供支撑。

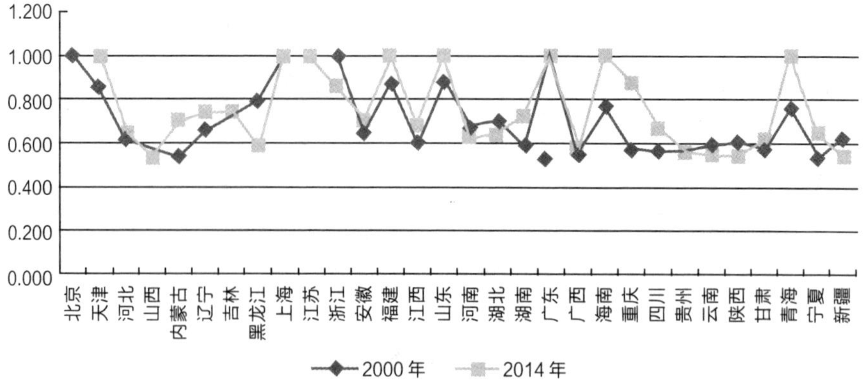

图 7–1　中国省城绿色发展的演变趋势图

① 由于篇幅问题，本章没有将计算结果展示，如有需要可向作者索要。

7.2.2 中国区域绿色发展的地区差距分解

本章采用 Dagum 基尼系数分解方法对中国区域绿色发展的地区差距进行分解。Dagum 基尼系数的计算公式如下：其中，y_{ji} 表示 j 地区的区域内绿色发展水平，y_{hr} 表示 h 地区的区域内绿色发展水平，μ 表示我国各地区绿色发展的平均值，n 表示地区数量，k 表示地区划分数量，n_j 表示 j 地区内省份数量，n_h 表示 h 地区内省份数量。

$$G = \frac{\sum_{j=1}^{k}\sum_{h=1}^{k}\sum_{i=1}^{n_j}\sum_{r=1}^{n_h}\left|y_{ji} - y_{hr}\right|}{2n^2\mu} \tag{7-2}$$

$$\overline{Y_1} \leqslant \overline{Y_h} \cdots \leqslant \overline{Y_j} \leqslant \cdots \leqslant \overline{Y_k} \tag{7-3}$$

根据式（7–3）对地区绿色发展平均发展水平进行排序，从而对地区进行划分。Dagum 基尼系数 $G = G_w + G_{nb} + G_t$，其中，G_w、G_{nb} 和 G_t 分别表示地区内差距的贡献、地区间净值差距的贡献和超变密度的贡献。G_{jj} 和 G_{jh} 分别表示 j 地区内基尼系数和 j、h 地区间基尼系数。

为了刻画我国区域绿色发展水平的地区差距，本章根据 Dagum 基尼系数法测算了 2000—2014 年我国区域绿色发展水平的基尼系数，并通过东、中、西部划分而进行了子群分解，测算结果如表 7–1 所示。分析可以发现：①从我国区域绿色发展差距总体水平来看，在样本考察期内，我国区域绿色发展水平空间分布呈现不稳定趋势；从 2000 年到 2004 年，中国地区绿色发展差距从 0.0064 上升到 0.0226；2004—2008 年，伴随“科学发展观”在政绩考核中的作用不断增强和地方政府间“逐底竞争”的减弱（李胜兰等，2014），地区绿色差距平稳下降；2009 年之后，伴随同时期中国经济形势波动、宏观经济政策和产业结构调整、地方财政增收困难和税收竞争的加剧（王佳洁等，2014），地区绿色发展差距迅速从 2009 年的 0.0206 上升到 2014 年的 0.0628（研究期最高水平）。整体来看，研究区间内中国区域绿色发展水平空间分布的地区差距整体有逐步扩大的趋势。②进一步地，对东、中、西部三大区域内部绿色发展水平空间分布的地区差距及变化趋势分析可以发现，2009 年以后，中西部地区内部绿色发展差距显著提升，这应与同期东部经济增速放缓、中西部承接产业转移竞争增加、内陆地区税收竞争加强密切相关（王佳洁等，2014；龙小宁等，2014）。③对中国绿色发展水平的地区间差距及其演变趋势分析可以发现，除个别年份外，研究期内东西部、东中部差距整体均高于中西部差距，这与成金华（2014）的态势分析类似，结合图 7-1 不同地区绿色发展水平的分布可以发现，地区经济发展水平可能会对当地绿色发展态势产生较大影响。④最后，比较研究期内地区内、地区间和超变密度的贡献可以发现，地区间差距对地区绿色发展差距扩大的贡献率始终最高。

总体来看，我国地区绿色发展呈现差异化的演变趋势，不同地区间绿色发展差距并未随经济发展而缩小，区域间绿色发展具有向上转移的“辐射和带动”和向下转移的“马太效应”现象，缩小区域间差距是解决我国绿色发展区域不均衡问题的关键。因此，有效控制绿色发展的区域内部差距，削弱负向“空间外溢”、提高政策实施效果（如财税政策、产业政策等）的正外部性（安苑和王珺，2012；孔令池等，2017），对地区绿色均衡发展十分紧要。这意味着，考察税收竞争、产业结构对地区绿色发展影响时，有必要考虑区域内相关因素的溢出效应影响。因此，本章将运用空间面板联立方程模型，系统考察地方政府税收竞争、产业结构调整对地区绿色发展的空间溢出效应并进行深入研究。

表 7-1　中国绿色发展的基尼系数及其分解结果

年份	总体	地区内差距			地区间差距			贡献率（%）		
		东部	中部	西部	东—中	东—西	中—西	地区内	地区间	超变密度
2000	0.0064	0.0053	0.0095	0.0051	0.006	0.007	0.006	33.33	36.14	30.53
2001	0.0095	0.0094	0.0156	0.0045	0.012	0.011	0.005	33.33	45.04	21.62

续表

年份	总体	地区内差距			地区间差距			贡献率（%）		
		东部	中部	西部	东—中	东—西	中—西	地区内	地区间	超变密度
2002	0.0141	0.0127	0.0257	0.0061	0.016	0.019	0.007	33.33	53.28	13.39
2003	0.0237	0.0239	0.0404	0.0091	0.030	0.029	0.010	33.33	49.64	17.03
2004	0.0226	0.0104	0.0378	0.0104	0.013	0.029	0.026	33.33	40.69	25.97
2005	0.0175	0.0160	0.0311	0.0078	0.020	0.022	0.009	33.33	58.73	7.93
2006	0.0174	0.0163	0.0321	0.0062	0.020	0.023	0.007	33.33	59.48	7.19
2007	0.0179	0.0152	0.0323	0.0092	0.019	0.024	0.010	33.33	56.80	9.87
2008	0.0130	0.0121	0.0212	0.0072	0.015	0.016	0.008	33.33	61.85	4.82
2009	0.0206	0.0163	0.0376	0.0114	0.020	0.028	0.013	33.33	57.41	9.25
2010	0.0367	0.0273	0.0556	0.0318	0.033	0.041	0.035	33.33	59.34	7.32
2011	0.0357	0.0307	0.0440	0.0342	0.038	0.033	0.037	33.33	58.00	8.67
2012	0.0331	0.0247	0.0614	0.0481	0.037	0.043	0.055	33.33	58.03	8.64
2013	0.0343	0.0302	0.0458	0.0360	0.030	0.035	0.039	33.33	47.87	18.80
2014	0.0428	0.0294	0.0339	0.0287	0.022	0.028	0.030	33.33	44.24	22.43

7.3 机理、模型和数据说明

7.3.1 影响机制的简要梳理

受我国自然条件、地理位置等客观因素的影响，再加上跨地区产业关联、产业转移产生的跨境污染，地区绿色发展水平必然会受到邻近地区绿色发展的影响。而绿色发展作为经济增长和环境改善协同发展的增长新模式，必然涉及经济增长质量和生产模式的调整升级。Grossman 和 Krueger（1995）的研究表明，地区环境质量的提升是地区经济增长、产业结构升级和环境治理技术进步等多重因素影响的综合结果；另外，绿色发展水平作为地区经济增长的制约因素，也会对当地经济发展产生显著影响（包群和彭水军，2006）；地区绿色发展水平变化带来的环保、税收政策调整，则会对当地产业结构产生直接影响（原毅军和谢荣辉，2014）。这就意味着，地区绿色发展与经济增长、产业结构之间是一种互为因果、相互影响的复杂关系，而不同地区绿色发展水平之间也存在着显著的溢出效应。

本章重点在于考察地方政府税收竞争、产业结构调整对地区绿色发展的影响。根据对现有文献的简要梳理，地方政府税收竞争对本地绿色发展的影响主要体现在两个方面：第一，本地税收竞争对当地绿色发展的影响。在“为增长而竞争”为主导的竞争模式下，地方政府往往采用直接降低法定税率和降低税收执法程度两种方式进行税收竞争，且后者（降低税收督查力度）隐蔽性更强，难以被上级政府监督，常常被地方政府所采用（范子英和田彬彬，2013）。地方政府以税收竞争模式来争夺跨区域资本（包括环保落后产能要素）的流入（李香菊和赵娜，2017），虽然可能有利于当地经济的短期稳定，但并不利于当地产业结构的转型升级，也会对当地资源消耗模式和实际污染排放产生一定的冲击。同时，地方政府也会更加热衷于基础设施建设投资以刺激经济增长并获得更多地方税收分成（贺俊等，2016），这将导致固定资产重复建设、过剩产能等现实经济问题，会通过产业关联效应促进当地重化工业的发展，也会带来大气污染、水资源破坏等环境问题（皮建才等，2014）。而且，政府税收竞争的加剧也会导致对教育、环保等公共产品供给的不足（张宏翔等，2015），不利于当地环保理念提升和环境治理投资的增加（李子豪，2016），也不利于当地绿色可持续发展。第二，邻近地区税收竞争对本地绿色发展的影响。在经济发展作为地方政府主要竞争目标的背景下，邻近地区横向税收竞争将直接导致本地流动性要素向周边地区外流，带来本地经济下滑的压力；在地方政府“为增长而竞争”的体制下，本地政府将会通过税收和产业结构的“逐底竞争”加以应对（郭杰和李涛，2009；黄亮雄等，2012），即通过实际税率的降低或税收征管的放松来提升对流动性要素的吸引力，扩大当地“粗放型”工业生产的规模，以稳定当地经济增长；而这样的税收竞争同样会通过环保落后产能增加、地方基础设施投资加强以及公共产品提供不足等渠道来抑制本地绿色发展。

地区产业结构调整对本地绿色发展的影响则主要通过以下两方面实现：第一，本地产业结构调整对当地绿色发展的影响。如上文所述，不同类型的产业主导模式导致其在污染排放强度、污染治理模式等方面存在较大差异（Grossman 和 Krueger，1995；黄亮雄等，2012），本地工业化为主导的发展模式通常会导致地区污染排放水平的上升，也会对本地绿色发展产生直接负面影响。第二，邻近地区产业结构调整对本地绿色发展的影响。首先，在地方政府税收竞争背景下，各地区在承接产业转移的过程中，地区产业结构往往会倾向性地“模仿”邻近地区的产业结构设置，产业结构存在着“逐底竞争”行为（黄亮雄等，2012），邻近地区的工业化将通过刺激本地策略性工业化发展而影响本地绿色发展。其次，由于地区产业关联和产业集聚的存在，邻近地区产业结构的调整也会对本地产业结构的高级化、合理化进程产生同向关联影响。因此，若邻近地区为促进本地产业集聚而忽视环境治理，或者为了短期经济增长而放缓产业结构的优化升级，这就会通过产业集聚和产业关联对本地清洁生产要素的流入、环境技术溢出产生不利影响（闫逢柱等，2011；韩永辉等，2015），也不利于本地绿色发展。最后，邻近地区产业结构调整将会对邻近地区环境质量产生直接影响，而由于环境保护行为的外部性、环境质量的空间外溢性的存在，也会对本地绿色发展水平产生直接影响。因此，若邻近地区采用“粗放型”的工业发展模式，将直接导致当地环境污染水平的上升，这也将通过环境污染的负外部性而降低本地绿色发展水平。

7.3.2 计量模型和方法

在理论机制梳理的基础上，借鉴刘洁和李文（2013）、李胜兰等（2014）的研究框架，本章将地方政府税收竞争、产业结构调整与中国区域绿色发展纳入统一的分析框架，建立空间面板联立方程模型，模型设定如下：

$$sect_{it}=\psi_i+\pi_t+\alpha_1 lnpgdp_{it}+\alpha_2 tax_{it}+\alpha_3 Wtax_{it}+\alpha_4 eco\text{-}eff_{it}+\alpha_5 X_{it}+\mu_{1it} \quad (7\text{–}4)$$

$$\mu_{1it}=\rho_1\sum_{j=1}^{n}w_{ij}\mu_{1it}+\varepsilon_{1it}$$

$$lnpgdp_{it}=\theta_i+\varphi_t+\beta_1 sect_{it}+\beta_2 Wsect_{it}+\beta_3 eco\text{-}eff_{it}+\beta_4 Z_{it}+\mu_{2it} \quad (7\text{–}5)$$

$$\mu_{2it}=\rho_2\sum_{j=1}^{n}w_{ij}\mu_{2it}+\varepsilon_{2it}$$

$$eco\text{-}eff_{it}=\delta_i+\gamma_t+\eta_1 pgdp_{it}+\eta_2 pgdp_{it}^{\ 2}+\eta_3 sect_{it}+\eta_4 Wsect_{it}+\eta_5 tax_{it}+$$

$$\eta_6 C_{it}+\eta_{3it} \quad (7\text{–}6)$$

$$\mu_{3it}=\rho_3\sum_{j=1}^{n}w_{ij}\mu_{3it}+\varepsilon_{3it}$$

$$\Phi=Var\begin{pmatrix}\varepsilon_{1it}\\ \varepsilon_{2it}\\ \varepsilon_{3it}\end{pmatrix}=E\begin{pmatrix}\varepsilon_{1it}^2 & \varepsilon_{1it}\varepsilon_{2it} & \varepsilon_{1it}\varepsilon_{3it}\\ \varepsilon_{2it}\varepsilon_{1it} & \varepsilon_{2it}^2 & \varepsilon_{2it}\varepsilon_{3it}\\ \varepsilon_{3it}\varepsilon_{1it} & \varepsilon_{3it}\varepsilon_{2it} & \varepsilon_{3it}^2\end{pmatrix}=\begin{pmatrix}\sigma_{11} & \sigma_{12} & \sigma_{13}\\ \sigma_{21} & \sigma_{22} & \sigma_{23}\\ \sigma_{31} & \sigma_{32} & \sigma_{33}\end{pmatrix} \quad (7\text{–}7)$$

其中，i 表示地区，t 表示年份，ψ_i 和 π_t、θ_i 和 φ_t、δ_i 和 γ_t 分别表示个体效应和时间效应，ε_{it} 和 μ_{it} 为随机误差项。*sect*、*lnpgdp*、*eco-eff*、*tax* 分别表示产业结构调整、经济增长、绿色发展以及地方政府税收竞争指标。W 为 $N\times N$ 维空间加权矩阵，包含了地理、经济和混合三种权重类型。地理权重矩阵 $W_d=1/d_{ab}^2$，$a\neq b$，否则为 0；经济权重矩阵 $W_e=1/|gdp_a-gdp_b|$，$a\neq b$，否则为 0；混合空间权重矩阵 $W_m=W_d\cdot W_e$。*Wtax*、*Wsect* 分别为地方政府税收和产业结构的空间滞后项，X、Z 和 C 分别表示产业结构方程、经济增长方程和绿色发展方程的控制变量。

产业结构变量和绿色发展变量之间的相互影响作用，使得变量与误差项之间存在内生性问题，空间面板联立方程模型估计值存在非一致性或非有效估计的问题（张可和汪东芳，2014）。为克服空间面板联立方程模型估计中的问题，采用广义空间三阶段最小二乘中的固定效应估计方法对模型进行计量分析。首先，采用两阶段最小二乘方法分别对产业结构方程、产出方程和绿色发展方程进行回归估计。为了消除内生性的影响作用，以模型中的外生控制变量作为工具变量（IV），运用模型中的内生变量对工具变量（IV）进行回归分析，分别得到相应的预测值；运用预测值和外生控制变量对被解释变量进行回归分析，并计算出残差值 $\hat{\varepsilon}$。其次，通过 GMM 方法对残差 $\hat{\varepsilon}$、误差项 ρ 和 ρ 进行估计，得到一致估计量 $\hat{\rho}$ 和 $\hat{\rho}$，并利用 Cochran–Orcutt 变换得到去除 ρ 和 ρ 的模型方程（李胜兰等，2014）。最后，使用 Cochran–Orcutt 变换得到的所有解释变量对工具变量（IV）进行回归分析从而得到相应的预测值，运用 GLS 方法将预测值对被解释变量进行估计，进而得出影响系数的一致性和有效估计值。

7.3.3 变量和数据说明

本章选取 2000—2014 年中国 30 个省级单位（未包含西藏和港澳台地区）作为研究样本，数据来源于研究期内的《中国检察年鉴》《中国法律年鉴》《中国城市统计年鉴》《中国区域经济统计年鉴》《中国能源统计年鉴》《中国环境年鉴》《中国劳动统计年鉴》和各省统计年鉴，以及国家统计局网站、各省（区、市）人民检察院官方网站。为消除变量间存在的异方差，将所有绝对数额变量都进行了对数化处理；为剔除价格因素的影响，所有包含价格因素的指标，均采用 2000 年为基期的定基价格指数进行处理。表 7–2 给出了主要变量的指标含义和统计性描述。

被解释变量包括产业结构（*sect*）、经济增长（*pgdp*）和绿色发展（*eco-eff*）。改革开放以来，我国产业结构从第一产业向第二产业转变，导致环境污染状况不断恶化；目前，我国产业结构从第二产业向第三产业转变，随着第二产业所占比重的下降和第三产业所占比重的提高，环境污染排放总量有所下降。因此，本章用各地区第二产业产值占 GDP 的比重来衡量产业结构（*sect*）。经济增长（*pgdp*）用人均 GDP 来表示。绿色发展（*eco-eff*）使用测度的生态效率作为代理变量。主要解释变量为地方政府税收竞争（*tax*）：政府通过调节税负高低、降低税收执法程度的税收竞争对环境产生直接的影响，以及通过税收政策作用于产业结构对环境产生间接影响。借鉴任志成等（2014）的做法，采用本地区宏观税负与相邻地区平均宏观税负的比值来刻画地方政府税收竞争程度。

表 7–2　主要变量的指标含义和统计小生描述

变量	指标含义	样本数	均值	标准差	最小值	最大值
eco–eff	绿色发展（测算指标）	450	0.539	0.330	0.515	1.000
sect	产业结构（%）	450	0.403	0.082	0.131	0.565
pgdp	经济增长（对数）	450	9.161	0.530	7.901	10.367
tax	地方政府税收竞争（%）	450	0.067	0.028	0.035	0.176
urban	城市化（%）	450	0.461	0.204	0.192	0.900
market	市场化（%）	450	0.474	0.204	0.107	0.873
consume	居民消费（对数）	450	8.581	0.531	7.530	10.070
decent	财政分权（%）	450	0.764	0.089	0.541	0.933
capital	固定资本（对数）	450	4.598	3.663	0.695	21.347
human	人力资本（测算指标）	450	0.927	0.165	0.491	1.312
poprate	人口增长率（%）	450	5.432	2.921	–1.350	12.620
techno	技术进步（1/100）	450	1.082	2.240	0.007	19.981
open	对外开放（%）	450	0.388	0.493	0.041	2.145
cor	寻租腐败（案件 / 百万人）	450	29.780	11.747	9.180	139.020
reg	环境规制（例 / 人）	450	0.529	0.589	0.010	4.080
popden	人口密度（总人口 / 面积）	450	3.966	4.950	0.040	37.230

影响产业结构的控制变量（X）：①城市化水平（*urban*）= pop_{urban} /

pop_{total}，pop_{urban} 和 pop_{total} 分别表示各地区城镇人口和当地总人口；②市场化水平（*market*）= $market_{domestic}/market_{total}$，$market_{domestic}$ 和 $market_{total}$ 分别表示各地区国有企业工业总产值和工业总产值；③居民消费水平（*consume*）：用我国地区居民人均消费来表示；④财政分权变量（*decent*）：用我国地区财政支出分权度来表示；⑤邻近地区产业结构（*Wsect*），本章在产业结构方程中加入空间滞后项 *Wsect* 来研究邻近地区的产业结构调整对本地区产业结构的影响作用；⑥为测度邻近地区税收竞争政策对本地区产业结构、绿色发展的影响，本章在产业结构方程中加入空间滞后项 *Wtax*（邵明伟等，2015）。

影响经济增长的控制变量（*Z*）：①固定资本（*capital*）：用我国各地区人均固定资产存量来表示；②人力资本（*human*）：用我国各地区中等教育以上的人均受教育年限来表示；③人口增长率（*poprate*）：用我国各地区年末人口增长率来表示；④技术进步水平（*techno*）：用发明、实用新型和外观设计三项专利的年授权数来衡量；⑤对外开放程度（*open*）：用各地区进出口贸易总额占 GDP 比重来表示；⑥产出集聚效应（*Wpgdp*）：本章在产出方程中加入空间滞后项 *Wpgdp* 来研究邻近地区的经济增长对本地区经济增长的影响作用，验证我国地区经济增长在空间分布上存在的集聚效应（张可和汪东芳，2014）。

影响绿色发展的控制变量（*C*）：①人均 GDP 的平方（$pgdp^2$），以验证我国是否存在“环境库兹涅茨曲线”；②寻租腐败（*cor*），用各地区每百万人口中贪污贿赂案件立案数来表示；③环境规制（*reg*），用各地区每位环保系统工作人员执行的环保行政处罚案件数来表示；④人口密度（*popden*）：用各地区总人口除以行政区面积来表示；⑤绿色发展集群（*Weco-eff*）：本章在绿色发展方程中加入空间滞后项 *Weco-eff* 来研究邻近地区绿色发展对本地区绿色发展的影响作用，验证我国地区绿色发展在空间分布上存在的集聚效应（李胜兰等，2014）。

7.4 实证结果分析

7.4.1 基本面板联立方程的估计分析

为了解决面板联立方程中不同方程工具变量选择和异方差问题，本章采用三阶段最小二乘法（Three-Stage Least Squares，3SLS）进行参数估计。而且，与两阶段最小二乘（Two-Stage Least Squares，2SLS）估计相比，在计量方程正确并满足秩约束时，3SLS 估计结果更有效，能够更好地分析方程间的联系。同时，本章采用 2SLS 对模型估计进行稳健性检验（结果见表 7-3）。由表 7-3 的 3SLS 和 2SLS 的估计结果可知，模型中 3SLS 的回归系数显著性略高于 2SLS。因此，本章主要选用 3SLS 对联立方程的估计结果进行分析。

由表 7-3 中 3SLS 估计当中的产业结构方程估计结果可知，本地政府税收竞争（*tax*）对产业结构在 10% 的显著性水平下通过检验。这表明，地方政府为了固化已有税收收入或拓展税基，而倾向于将产值大、利税高的工业企业作为地方主要的支柱产业（Afonso 和 Furceri，2010）。绿色发展（*eco-eff*）对产业结构在 1% 的显著性水平下通过检验，且估计系数为负。这说明，近年来地方政府开始关注环境保护与经济的协调发展，各种环境保护政策和措施的执行已经开始促进地区产业结构的转型升级。绿色发展（*eco-eff*）对经济增长的影响没有通过 10% 的显著性水平检验。目前地区经济发展仍以粗放型增长为主，经济快速增长带来了更加严重的资源消耗、环境恶化，这正是区域绿色发展对经济增长作用不明显的原因（王怀成等，2014）。本地产业结构调整（*sect*）对绿色发展在 5% 的显著性水平下通过检验，且估计系数为负。这说明，产业发展虽然是经济行为与生态环境间的重要纽带，但我国地方政府为了争夺流动性要素和经济优势，产业发展间进行攀比式竞争，扭曲了市场要素配置，地方政府更倾向于采取“骑跷跷板”策略和忽视环境代价的产业政策（崔亚飞和刘小川，2014），环境污染的外部性甚至会导致环境污染的“公地悲剧”，从而对当地绿色发展带来较大负面压力。本地政府税收竞争（*tax*）对绿色发展在 10% 的显著性水平通过检验，且估计系数为负。这说明，地方政府为了获得税收竞争优势而采取相互降低税负、降低税收执法程度以追逐资本流入规模的竞争策略，会直接增加工业产出和污染物排放量（李香菊和赵娜，2017）；而低税负则会进一步导致环境污染的边际外部成本增加，从而难以矫正地方政府税收竞争对环境污染的负外部性（邵明伟等，2015）。另外，地方政府利用税收竞争降低生产要素的流入门槛，必然导致产业政策的“逐底竞争”，间接地降低了地区绿色发展水平（Zeng 和 Zhao，2009）。

表 7-3　2SLS 和 3SLS 估计结果

2SLS						3SLS					
sect		pgdp		eco-eff		sect		pgdp		eco-eff	
C	0.415***	C	0.713***	C	0.925*	C	0.674***	C	0.814***	C	0.973**
	(4.62)		(9.12)		(1.77)		(4.20)		(12.44)		(2.03)
pgdp	-0.850***	sect	0.820***	pgdp	-0.807*	pgdp	-1.243***	sect	1.023***	pgdp	-1.007*
	(-3.20)		(4.80)		(-1.85)		(-3.01)		(8.06)		(-1.94)
tax	0.652*	eco-eff	-0.110	$pgdp^2$	0.035*	tax	0.534*	eco-eff	-0.094	$pgdp^2$	0.039**
	(1.72)		(-1.35)		(1.75)		(1.75)		(-1.41)		(2.21)
eco-eff	-1.824**	capital	0.122***	sect	-0.419**	eco-eff	-2.202***	Capital	0.221***	sect	-0.581**
	(-2.19)		(13.72)		(-1.97)		(-3.34)		(15.70)		(-2.55)
urban	0.003	human	1.044***	tax	-0.010*	urban	0.074	Human	1.088***	tax	-0.013*
	(0.09)		(12.06)		(-1.67)		(0.35)		(13.79)		(-1.69)
market	-0.867	poprate	-0.012**	cor	-0.008***	market	-0.633	Poprate	-0.075**	cor	-0.015***
	(-1.28)		(-2.35)		(-5.14)		(-0.82)		(-2.44)		(-5.70)
consume	0.651	techno	0.001***	reg	0.045*	consume	0.546	Techno	0.004***	reg	0.053*
	(1.49)		(5.81)		(1.69)		(1.05)		(6.16)		(1.87)
decent	1.029*	open	0.254***	popden	-0.019***	decent	1.433**	open	0.314***	popden	-0.023***
	(1.79)		(7.33)		(-3.91)		(2.31)		(8.13)		(-4.11)
R^2	0.472	R^2	0.736	R^2	0.482	R^2	0.493	R^2	0.815	R^2	0.543

注：：***、**、* 分别表示在 1%、5% 和 10% 水平下显著，括号内为 t 值。下同。

7.4.2 考虑空间溢出效应的计量估计分析

表 7-4 GS3SLS 估计结果

地理权重						经济权重						混合权重					
sect		pgdp		eco-eff		sect		pgdp		eco-eff		sect		pgdp		eco-eff	
C	5.568***	C	12.820***	C	4.709***	C	7.105***	C	11.255***	C	6.255***	C	6.106***	C	12.541***	C	6.106***
	(5.25)		(8.72)		(3.25)		(5.83)		(6.23)		(3.63)		(5.20)		(6.43)		(3.20)
pgdp	−0.415***	sect	1.228***	pgdp	−1.181***	pgdp	−0.410***	sect	1.564***	pgdp	−1.438***	pgdp	−0.321***	sect	1.672***	pgdp	−1.624***
	(−3.86)		(3.21)		(−3.11)		(−4.03)		(3.40)		(−3.68)		(−3.11)		(3.87)		(−3.82)
tax	0.124**	Wsect	−1.827***	$pgdp^2$	0.048***	tax	0.102*	Wsect	−2.152***	$pgdp^2$	0.063***	tax	0.133**	Wsect	−2.335***	$pgdp^2$	0.071***
	(2.18)		(−4.10)		(2.78)		(1.84)		(−4.32)		(2.93)		(2.24)		(−4.87)		(3.30)
Wtax	1.822***	eco-eff	−3.378***	sect	−0.126*	Wtax	2.029***	eco-eff	−2.665**	sect	−0.146**	Wtax	2.017***	eco-eff	−2.262**	sect	−0.265**
	(2.67)		(−3.32)		(−1.92)		(3.20)		(−2.21)		(−2.07)		(2.84)		(−2.07)		(−2.18)
eco-eff	−0.837*	capital	0.044***	Wsect	0.007	eco-eff	−0.829*	capital	0.155***	Wsect	0.065	eco-eff	−0.924*	capital	0.255**	Wsect	0.075
	(−1.70)		(3.24)		(0.21)		(−1.69)		(4.12)		(0.52)		(−1.72)		(5.01)		(0.96)
urban	0.432	human	0.198***	tax	−0.060*	urban	0.389	human	0.168***	tax	−0.072*	urban	0.552	human	1.770***	tax	−0.078*
	(0.55)		(4.07)		(−1.69)		(0.53)		(3.39)		(−1.78)		(0.66)		(3.58)		(−1.82)
market	−1.018	poprate	−0.322*	cor	−0.078**	market	−1.833	poprate	−0.751**	cor	−0.064*	market	−1.644	poprate	−0.574**	cor	−0.074*
	(−0.75)		(−1.94)		(−1.99)		(−0.94)		(−2.01)		(−1.91)		(−0.83)		(−1.98)		(−1.95)
consume	1.210	techno	0.040*	reg	0.032*	consume	0.855	techno	0.076*	reg	0.036*	consume	1.156	techno	0.166**	reg	0.047*
	(1.12)		(1.85)		(1.69)		(1.12)		(1.95)		(1.72)		(1.22)		(2.18)		(1.92)
decent	2.429**	open	0.052*	popden	−0.178*	decent	2.152*	open	0.094*	popden	−0.152*	decent	2.756**	open	0.097**	popden	−0.175*
	(2.13)		(1.74)		(−1.79)		(1.95)		(1.90)		(−1.69)		(2.42)		(2.06)		(−1.78)
Wsect	0.088*	Wpgdp	0.247***	Weco-eff	0.058*	Wsect	0.067*	Wpgdp	0.267***	Weco-eff	0.055*	Wsect	0.082*	Wpgdp	0.325***	Weco-eff	0.065*
	(1.93)		(9.10)		(1.89)		(1.85)		(10.65)		(1.68)		(1.93)		(10.94)		(1.91)
R^2	0.412	R^2	0.469	R^2	0.820	R^2	0.377	R^2	0.436	R^2	0.517	R^2	0.477	R^2	0.436	R^2	0.575

由于地区公共政策空间外溢性的存在，以及各地区之间环保的“搭便车”现象的出现，区域间绿色发展必然会受到邻近地区经济政策和绿色发展的影响。本章通过广义空间三阶段最小二乘（General Spatial Three-Stage Least Squares，GS3SLS）估计方法对模型进行估计（见表 7-4）。由表 7-4 可知，邻近地区税收竞争（*Wtax*）对产业结构在 1% 的显著性水平通过检验，且估计值相对本地税收竞争的影响系数更加显著。作为国民经济发展和社会秩序协调的地方政府，为追逐更多经济资源而相互竞争，刺激地方政府发展以工业为主导的产业以换取短期的经济利益（Brajer 等，2011）。邻近地区产业结构调整（*Wsect*）对本地产业结构的影响系数显著为正，即邻近地区第二产业增强将会推动当地第二产业的发展。在当前主要以 GDP 为核心的政绩考核体系下，地方政府通过集聚或“扎堆”能够提高产业结构的外溢与扩散，各地区产业结构设置往往呈现“模仿”邻近地区产业发展的特征（黄亮雄等，2012）。产出集聚（*Wpgdp*）的系数显著为正，即相邻地区产出增加将会提高当地产出水平。地区间的相互竞争与依赖的博弈行为，空间上的规模效应，会引发生产要素跨区域流动，经济发展具有较强空间外溢影响效应（闫逢柱等，2011）。邻近地区产业结构调整（*Wsect*）对绿色发展虽然估计系数为正，但未通过显著性检验，表明地方政府产业发展的“逐底竞争”行为很难对本地环境污染治理奏效。绿色发展集群（*Weco-eff*）对本地绿色发展的系数显著为正，即相邻地区绿色发展增加将会提高当地绿色发展水平。邻近区域绿色发展会产生扩散效应和示范效应，环境保护的“正外部性”导致本地区绿色发展水平向邻近地区靠近，形成区域绿色发展的激励作用，“区块化”的绿色发展模式对地区环境保护产生正向作用，采取“跟随者”行为提高了本地区绿色发展水平（崔亚飞和刘小川，2010）。

在影响本地绿色发展（*eco-eff*）的其他变量中，人均生产总值（*pgdp*）

系数显著为负，其二次项（$pgdp^2$）的系数显著为正。经济增长与绿色发展之间呈现正“U”形关系，即在低经济发展时期，绿色发展程度随着人均 GDP 的增长而下降。以经济增长为核心的政绩考核机制，会“鞭策”地方政府在投资过程中追求短期的经济效益，支持企业生产经营而压低要素价格，干预建设项目的环境评价和审批，降低进入门槛和忽略环境保护问题，缺少环境保护激励会促使企业继续使用原有低端技术，造成环境污染问题（黄建欢等，2014）。而当经济发展到一定的临界点时，绿色发展程度随着人均 GDP 的增长而提高。随着地区经济规模扩张和工业发展的日渐成熟，经济增长的结构效应和技术效应发挥作用，产业结构和技术发展会提升地区绿色发展水平。寻租腐败（*cor*）对绿色发展在 10% 的显著性水平下通过检验，且估计系数为负。政企合谋通过降低环境标准和放松环境规制对绿色发展产生“逆向作用”（李子豪和刘辉煌，2013）。环境规制（*reg*）对绿色发展的影响系数为正，且均至少在 10% 的显著性水平通过检验。这表明，伴随“节能减排”等环境指标在地方考核中的地位提升和“科学发展观”等绿色理念的不断深入，地方政府环境规制加强的确带来了绿色发展水平的提升。人口密度（*popden*）对绿色发展的影响为负，且通过了显著性检验。人口密度较高的地区，绿色发展水平相对较低；这说明，当前阶段人口增长带来的环境污染压力超过了其对环境保护的促进作用。

7.4.2 不同渠道的影响差异分析

表 7–5 不同渠道税收竞争和产业结构调整对绿色发展的影响差异

影响因素	影响渠道	地理权重	经济权重	混合权重
本地税收竞争（tax）	直接影响（tax–eco）	–0.060	–0.072	–0.078
	产业结构渠道（tax–sect–eco）	–0.016	–0.015	–0.035
	产业结构—经济增长渠道（tax–sect–pgdp–eco）	–0.046	–0.046	–0.072
	综合影响	–0.122	–0.133	–0.185
邻近地区税收竞争（Wtax）	产业结构渠道影响（wtax–sect–eco）	–0.230	–0.296	–0.535
	产业结构—经济增长渠道（wtax–sect–pgdp–eco）	–0.675	–0.900	–1.090
	综合影响	–0.905	–1.196	–1.625
本地产业结构调整（sect）	直接影响（sect–eco）	–0.126	–0.146	–0.265
	产业结构—经济增长渠道（sect–pgdp–eco）	–0.303	–0.444	–0.540
	综合影响	–0.429	–0.590	–0.805
邻近地区产业结构调整（Wsect）	产业结构渠道（wsect–sect–eco）	–0.011	–0.009	–0.022
	产业结构—经济增长渠道（wsect–sect–pgdp–eco）	–0.026	–0.029	–0.044
	综合影响	–0.037	0.038	–0.066

注：表中影响效果的估计，经济增长水平（lnpgdp）假定为样本均值 9.161。

本章重点关注税收竞争、产业结构调整不同渠道对地区绿色发展的影响。由于地区之间的税收竞争、产业结构调整存在显著的空间溢出效应影响，表 7–5 给出了以表 7–4 估计结果为基础的本地以及邻近地区收税竞争、产业结构调整对本地绿色发展的影响效果。由表 7–5 可知，本地税收竞争（*tax*）方面，税收竞争直接或者通过产业结构调整渠道对本地绿色发展带来一定负面影响；同时，本地税收竞争也将导致当地产业结构偏重于工业部门，也不利于当地绿色发展水平的提升；综合来看，税收竞争将带来本地绿色发展水平的显著下降。从邻近地区税收竞争（*Wtax*）的影响来看，邻近地区税收竞争将通过产业结构的“逐底竞争”阻碍本地产业结构升级，一定程度上抑制了本地绿色发展；同时，本地产业结构偏向工业化的发展会使本地生产模式转型更加困难，进一步抑制本地绿色发展水平提升；总的来看，邻近地区税收竞争对本地绿色发展产生了显著的负面影响。从本地产业结构调整（*sect*）的影响来看，本地工业化导向的产业发展将直接带来当地污染的增加和绿色发展压力的加大；此外，与前两个渠道分析类似，此种偏向型的产业结构也会通过刺激粗放型增长来增加环保压力；综合之后，本地工业化发展对绿色发展的负面影响相当显著。邻近地区产业结构调整（*Wsect*）的影响。由于邻近地区产业结构调整对本地区绿色发展的直接影响很不显著，表中不再显示其影响结果。但是，邻近地区偏向工业化的产业结构调整却会通过产业结构的溢出效应、关联效应来抑制本地绿色发展水平提升，加上经济增长渠道的负面影响，邻近地区产业结构偏向于工业化，将会对本地绿色发展水平产生显著负向溢出。因此，本地税收竞争、偏向工业化的产业结构调整除了直接对本地绿色发展产生负面影响之外，也会通过产业结构或经济增长渠道降低本地绿色发展水平；而且，若考虑到相关税收竞争、产业政策对邻近地区绿色发展的溢出负面影响，地方政府之间税收竞争以及偏向工业化的产业竞争，在地区绿色发展方面是一种“损人不利己”的双输竞争。

7.5 结论与政策启示

本章基于 2000—2014 年中国省域层面的数据，构建包括地方政府税收竞争、产业结构调整和区域绿色发展方程的空间面板联立模型。研究结论如下：①中国绿色发展水平虽然在研究期内有所提升，但区域绿色发展空间分布的差距呈现扩大趋势，地区间差距是导致区域间绿色发展水平差异的主要原因。②通过对地方政府税收竞争、产业结构调整的影响分析发现，本地政府税收竞争和产业结构工业化将直接对当地绿色发展产生负面影响；邻近地区的税收竞争和工业化发展也会直接通过“逐底竞争”的负向激励抑制本地绿色发展。

综上所述，得出以下政策启示：

第一，我国各地区绿色发展具有“模仿”周边地区的空间集聚效应，需要根据区域功能特征构建绿色发展政策。近年来，我国区域绿色发展呈现明显的“西高东低”特征差别。随着东部地区处于工业化后期和经济规模下降而陷入低效率的“纳什均衡”陷阱，政府通过给予减免税收等优惠政策，产业发展由沿海地区向中西部地区梯级推进。由于我国区域生态承载力有所不同，地方政府在进行规划与建设时，需要考虑当地生态承载力，根据地区的区域定位，制定地区发展战略和环境保护政策，以促进区域间绿色发展的均衡状态。同时，有效增加绿色发展评价在地方政绩考核中的权重，避免地方政府忽略生态环境保护而过度追求经济增长，有效推动地区间经济增长、社会与环境保护协调的发展新模式。

第二，规范地方政府税收竞争行为。地方政府通过降低生产要素成本、放松环境政策和降低税率等方法展开地区竞争，从而达到获得经济竞争优势和资源流入的目的，但是却会刺激本地粗放经济发展，抑制本地绿色发展水平提升，同时，还会通过负向的溢出效应降低邻近地区绿色发展水平。因此，一方面，要深化地方财税体制改革，加强中央对地方税收政策和税收征管执行的监管能力。当前，在中央统一立法的同时，为了体现地区差异，适当赋予了地方在规定幅度内制定征收标准和管理办法的主动权，但需要加强监督约束和推行备案审批制度。另一方面，加强环境税的征收执行力度，增大资本跨地区流动的环境约束成本，杜绝地方政府通过税收竞争而发生吸引落后产能的可能性。

第三，地方政府应依据地方产业特性和产业发展特点，合理确定适当的产业结构发展战略。地方政府通过模仿邻近地区的产业发展模式来增加本地区的经济增长，区域产业发展模式已从整体协作逐渐转向“以邻为壑”的恶性竞争，地方政府引进低技术水平、高污染高能耗的外部企业，忽略环境保护而使得生态环境更趋恶化，区域产业发展陷入“逐底竞争”的囚徒困境中。因此，借助产业发展战略的“倒逼机制”，充分发挥“波特假说”中的“创新补偿”效应，减弱保护壁垒对地方政府发挥环境职能的负面效应，改变地方政府环境保护“免费搭车”行为，发展生产要素与服务的跨地区协作，充分发挥地方政府的良性竞争效应和地区间产业的正向空间溢出效应，促进地区产业绿色转型。

8 地方政府环境治理如何有效降低雾霾污染

近年来，伴随环境污染防治攻坚战的推进，地方政府制定了一系列雾霾治理的专项政策措施，投入了大量人力、资金进行雾霾防治，虽取得了一定的显著成效，但地方政府雾霾治理所带来的经济下行压力增加、雾霾治理的边际成本显著上升等诸多问题引起了较多关注。因此，在当前背景下如何有效提升地方政府雾霾治理的成效，是中国能否真正打赢蓝天保卫战的关键。长期以来，地方政府主要通过环境法律法规出台、环保监督执法和环保财政支出等渠道进行雾霾治理，何种渠道的环境治理更有助于雾霾降低？由于地方政府之间在环境治理上存在显著的策略竞争和地区互动，雾霾污染本身也具有显著的空间关联性，邻近地区政府的环境治理行为又会对本地雾霾治理有效性产生什么影响？同时，考虑到地区经济社会发展水平存在较大差异的现实，在什么条件下地方政府环境治理行为能够更加有效地减少雾霾污染？这一系列问题对于地方政府雾霾治理成效提升具有重要意义，但现有研究并未做出有效回答。因此，在我国深入贯彻绿色发展观、加快生态文明体制改革和“污染防治攻坚战”进入攻坚克难阶段背景下，本章选择地方政府环境治理如何有效降低雾霾污染进行研究，具有重要意义。

8.1 文献评述

国内外众多文献对中国雾霾污染的影响因素进行了考察，整体来说主要从经济性因素、社会性因素和政府性因素三个方面进行研究。

经济性因素的影响方面。Grossman 和 Krueger（1991）提出的 EKC 经典假说认为，环境污染与经济增长存在倒 U 形的曲线关系，并为众多学者所证实。因此，多数学者基于此种思路，考察经济增长与雾霾污染的关系。例如，邵帅等（2016）基于中国 30 个省份面板数据的实证估计发现，人均 GDP 与雾霾污染之间呈现 U 形曲线关系；Ma 等（2016）对中国 152 个城市、孙攀等（2019）利用中国 281 个城市的数据研究发现，经济增长与雾霾之间存在 EKC 关系，且中国多数地区处于雾霾排放增长加剧阶段。由于工业生产是雾霾污染的重要来源，且结构因素是污染来源分析的重要组成部分，部分学者考察了产业结构的影响。例如，冷艳丽和杜思正（2015）、东童童等（2015）利用省区面板数据研究发现，第二产业增加显著加剧了雾霾污染，而地区间工业集聚则降低了雾霾污染；Li 等（2016）基于地市层面的研究也得出了类似结论。城镇化将带来能源消耗和生产生活模式的变化，众多学者对此比较关注。例如，Han 等（2014）研究发现，由于能源消耗强度高和交通拥堵等原因，中国多数地区城区的雾霾浓度显著高于城郊地区；刘晨跃和徐盈之（2017）利用省城层面数据研究发现，城镇化进程加剧了中国的雾霾污染；王华星和石大千（2019）利用城市层面的数据研究发现，新型城镇化（低碳城市建设）能够显著降低城市的雾霾污染，且信息化和人力资本水平高的城市积极作用更加明显。对外开放是中国经济增长的重要动力，部分学者考察了外商投资和国际贸易对雾霾污染的影响。如，李力等（2016）对珠三角地区、严雅雪和齐绍洲（2017）对30个省（区、市）的研究发现，FDI显著增加了中国的雾霾污染；

刘修岩和董会敏（2017）对省城层面的研究发现，重工业出口贸易加剧了雾霾污染，而高科技产品出口则相反。

社会性因素的影响方面。雾霾污染作为社会公众普遍关注的现实问题，众多社会性因素也会对其产生影响。环保公众参与方面，Wang 等（2016）对部分代表性城市的调研发现，在雾霾信息充分披露的情况下公众对于雾霾治理的支付意愿很强；初钊鹏等（2019）利用演化仿真研究发现，公众参与以第三方监督的形式改变了地方政府治理预期，从而有利于地区雾霾问题的治理。社会舆论的影响，吕长明和李跃（2017）对地市层面的研究发现，地区雾霾舆论爆发将通过推动地区工业化转型而促进当地雾霾污染降低，且此种影响在发达地区比较显著；李欣等（2017）对省城层面的数据研究发现，网络舆论有利于中西部地区雾霾污染的缓解，而东部地区则不太显著。交通行为影响方面，王卉彤（2018）利用 45 个城市的高德拥堵延时指数衡量的交通拥堵水平，并考察其对雾霾污染的影响，研究发现交通拥堵加剧了雾霾污染，而城市职住平衡有助于缓解交通拥堵带来的雾霾污染；Xie 等（2019）对 281 个城市的面板数据研究发现，城市交通流密度与城市雾霾污染之间存在倒 U 形曲线关系，且此种关系只在大中型城市比较显著。其他因素方面，钱振华和刘家华（2015）、彭本红和屠羽（2017）则分别考察了社会伦理意识、民间资本对雾霾污染的影响，研究发现责任伦理意识和民间资本的提升均能够有效地提高雾霾治理效果。

政府性因素的影响方面。由于雾霾治理具有典型的外部性特征，政府在雾霾治理中发挥着主导作用。由于财政分权一定程度上反映了中央与地方之间的财权事权分配状况，众多学者比较关注财政分权对于雾霾污染或治理的影响。李根生和韩民春（2015）基于 29 个大中城市的研究发现，财政自主度提升可以激励地方政府加大雾霾污染治理力度；黄寿峰

（2017）基于29个省（区、市）的研究发现，财政分权通过加剧地方政府之间的竞争不利于本地和邻近地区的雾霾治理。由于中国地方政府之间存在显著的“锦标赛”式经济和产业发展竞争，这会对地区雾霾污染治理产生显著影响。吴勋和白蕾（2019）基于73个地市的研究发现，以外资引入为导向的地方政府竞争并未加剧雾霾污染；刘华军和彭莹（2019）基于30个省（区、市）的数据研究发现，在以经济利益为政绩考核主要标准的背景下，地方政府之间会出现为争夺经济资源而放松雾霾治理的“逐底竞争”。还有一些学者比较关注政府具体雾霾控制政策的效果，如石庆玲等（2016）对中国189个城市研究发现，各地“两会”召开会对当地雾霾污染产生比较显著的抑制作用；Chen等（2014）利用主成分分析测算比较、曹静等（2014）利用断点回归的方法研究发现，北京奥运会限行十分显著地降低了当地雾霾污染；孙坤鑫（2017）利用断点回归实验方法考察了北京机动车排放标准提升对当地雾霾污染的影响，研究发现该政策效果并不显著；罗知和李浩然（2018）利用双重倍差法对283个城市的研究发现，“大气十条”政策的实施比较显著地降低了北方地区集中供暖带来的雾霾污染程度。

综上所述，中国雾霾污染影响因素的研究比较丰富，为进一步深化研究奠定了坚实基础，但是现有研究（尤其是政府性因素对雾霾污染影响的研究）方面也存在部分问题有待深入。从研究方向来看，地方政府对具体雾霾治理政策的微观效应研究较多，而在宏观层面对不同环境治理策略的影响和比较分析较少；从研究内容来看，即使有部分研究涉及政府环境治理政策对雾霾污染的影响，地区之间不同环境治理策略的动态空间关联效应以及地区条件差异所导致的影响效果异质性的研究也很少见到。鉴于此，本章基于中国2003—2016年30个省（区、市）和2007—2016年217个城市数据，从地方政府环境治理渠道差异、空间关联和门槛效应三个角度，考察地方政府环境治理政策对雾霾污染的影响效应。与以往研究相比，本章在以下三个方面有所改进：第一，理论机制上，通过对现有研究和现实的梳理分析，分别从渠道差异、地区关联和门槛效应三个角度构建了地方政府环境治理对雾霾污染影响的理论假说，拓展了研究领域。第二，研究指标和研究层面上，通过手工搜集统计研究期内近 10 年 200 余地市的环保治理投资数据，使得从地市层面考察地方政府环境治理强度对雾霾污染的影响成为可能；同时从 30 个省（区、市）和 217 个地市层面进行考察，避免了层级差异对地方政府环境治理的雾霾控制效应的影响，研究更加系统全面。第三，研究方法上，考虑到雾霾污染存在的时空地理依赖问题，以及中国地区之间经济社会发展水平的差异，同时采用动态空间计量和动态面板门槛估计来考察地方政府环境治理政策的影响效果，研究结论更加科学可靠。

8.2 理论机制与研究假说

8.2.1 渠道差异

在当前环境治理攻坚战不断深入的阶段，地方政府治理的多渠道模式也逐渐成熟，在宏观层面，地方政府主要通过环保立法、环保执法和环保投资等不同渠道为社会提供公共物品；在微观层面，地方政府主要通过与企业及社会公众的互动调节来弥补宏观政策的功能缺失。从宏观层面来看，由于不同渠道进行雾霾治理的作用机制和条件有所差异，其影响效果也可能会有所差异。

环保立法的影响。首先，近年来在我国环保立法中，针对雾霾治理立法的数量以及强度都有所增强，利用北大法意数据库统计发现，2013—2018 年全国范围大气污染治理法律法规占全部环保法律法规数量的比重为 12.28%，远高于此前 5 年 4.91% 的立法数量占比；而且，随着法律法规的完善和其实际可执行、可操作性的不断增强，能够更好地对我国雾霾治理产生积极影响。其次，《中华人民共和国大气污染防治法》明确要求“2017 年全国地级及以上城市可吸入颗粒物浓度比 2012 年下降 10% 以上”，诸如此类具有显著约束的大气治理法律、规章、文件持续出台，地方政府雾霾治理的刚性约束不断加强。最后，2006 年以来，中央政府已将节能减排情况明确纳入了地方政府考核标准，并通过雾霾立法进行了责任创新以明确污染责任，大力推动雾霾治理的联防联治，辅以环保督查组核查和环保约谈监督雾霾治理情况，全面增强政府、企业以及公众的雾霾治理责任意识。

环保执法的影响。首先，由于雾霾污染存在显著的空间外溢，且会随季节性变化产生规律性波动，加上我国供电供暖对传统生产模式和煤炭能源的刚性依赖、机动车尾气排放控制等技术难题的存在，环保执法也很难带来雾霾污染的实质性下降。其次，环保执法与经济增长之间的冲突。在经济增速作为地方政府考核主要评价指标和经济增速放缓的背景下，雾霾治理与当地经济发展之间的冲突日益凸显：由于部分排污企业对当地经济发展贡献巨大，而我国环保部门长期隶属于地方政府管辖，地方环保部门在环保执法中不可避免存在环保执法盲区，环保执法对部分雾霾污染企业的治理效果可能有限。最后，虽然近年来环保执法部门的独立性有所增强，但是由于环保执法的专业性，在环保执法过程中权利制约监督的有效性不足，地方政府环保执法部门被监督企业俘获的情形也不同程度的存在，也会导致执法效果不明显，甚至降低了当地雾霾治理效果。

环保投资的影响。首先，近年来中央和地方政府对环保投资十分重视，国家财政中环境保护的支出金额从 2007 年的 995 亿元增加到 2018 年的6352亿元，占比也由原来不足2%提高到2.8%，政府环保投入规模稳步提升；而且，由于雾霾污染的严峻性和政府对此的重视，各地方政府纷纷出台雾霾治理专项财政资金支持，以河北省为例，2014年雾霾治理专项资金已经达到环保总支出的20%以上，政府不断加大雾霾治理投入。其次，除了对环境污染源的直接治理，地方政府的环保支出多用于企业技术改造升级、淘汰高能耗和高污染设备的财政补贴，这将带来地区绿色技术水平的持续进步，也有利于地区之间污染技术的外溢扩散，这将为地区绿色转型和雾霾治理提供长期动力支撑。最后，伴随中央和地方政府对于环境保护投入的加大，以及雾霾治理专项投资的不断加强，企业和社会公众的环保观念和环保意识会不断增强，雾霾污染防治的市场规模会不断扩大，也会吸引更多的社会资本的流入，雾霾污染的治理效果会不断凸显。

基于以上分析，提出以下理论假说：

假说1：环保立法和环保投资对地区雾霾污染的治理效果会比较显著，而环保执法的治理效果可能不甚明显。

8.2.2 空间关联效应

雾霾污染作为当前地方政府环境治理的工作重点，不仅仅受治理周期和治理纵深的影响，也会因为地理或气象原因而存在显著的空间关联溢出效应，因此，地方政府环境治理对雾霾污染的控制成效也不可避免地存在关联效应。具体来说，主要受以下三方面影响：第一，从雾霾污染的空间溢出效应来看，由于雾霾污染的主要污染物PM2.5与传统污染形式存在差异，主要由极度细微的颗粒物组成，地区之间的传播性极强，Liu等（2015）发现本地区雾霾污染的恶化会对周边甚至更远地区的雾霾浓度产生负面影响。因此，本地政府雾霾治理成效必然会对邻近地区产生影响。

第二，从财政分权导致的地方政府竞争来看，黄寿峰（2017）认为财政分权使得地方政府在环境治理方面出现的“竞优”现象，能够通过本地政府环境规制标准的提升促进周边地区政府环境规制强度和政府雾霾治理意识增强；相反，邵帅等（2016）认为，在中国式财政分权下，地方政府对环境保护支出的影响可能会通过“破坏性规则竞争”现象和“竞次”现象导致周边地区对环境保护的投入减少，地方政府会为了自身的经济发展一定程度上放松环境监管，不利于地区雾霾污染控制。第三，从雾霾污染治理的策略性博弈来看，雾霾污染的空间外溢和关联性使得其有效治理必须通过区域性的联防联治实现，而地方政府在雾霾联防联治时不同程度地存在政策性博弈或雾霾治理的“搭便车”行为，部分地方政府会通过分享邻近地区雾霾治理的正外部性而减少本地雾霾治理投资，或者在地域边界建立高污染企业以同时分享雾霾治理和经济发展的红利。因此，基于以上分析，提出以下理论假说：

假说 2: 地方政府环境治理对本地雾霾的治理成效会受到邻近地区政府环境治理的影响。

8.2.3 门槛效应

地方政府可以通过环保立法、环保执法或环保投资等渠道进行污染治理，但相关治理措施在实际实施时，不可避免地会受到当地经济发展水平、社会制度等相关因素的影响，甚至其影响效果会因为地区经济社会发展水平的差异而存在门槛效应。中国作为一个发展中大国，地区之间经济社会发展差距显著，地方政府环境治理的减霾效果也很有可能存在类似的门槛效应。

地区科技水平的影响。首先，环境规制标准的影响。Lovely 和 Popp（2011）的研究表明，只有地区技术水平发展到较高水平，地方政府才会制定较高的环保标准或制定较为严格的环保政策；这同样意味着，只有当地区技术水平比较高时，地方政府的雾霾治理标准和实际治理力度才会加强，其雾霾治理实际成效才会更好。其次，地区经济增长模式的影响。一般来说，只有地区技术水平达到较高程度，地区产业结构优化升级、地区经济绿色转型进程才能够更加有效地进行，而只有地区经济实现了绿色转型，地方政府为了经济发展而放松环境治理（雾霾治理）的“竞次”竞争现象才能真正避免，政府的雾霾治理成效才有可能真正提升。最后，环保技术市场化的影响。环保技术发展平衡经济发展与雾霾治理的矛盾的重要手段至关重要；但是，只有本地技术市场化程度较高时，才能避免创新要素投入的低效率和绿色技术研发方向的扭曲（孙宏芃，2016），最终提升地方政府雾霾治理的效率。另外，只有地区整体科技水平较高、绿色技术比较成熟时，环保技术市场制度才能有效建立并发挥作用。因此，基于以上分析，提出以下理论假说：

假说 3：只有地区科技水平达到较高程度，地方政府雾霾治理的成效才会比较显著。

地区城镇化水平的影响。城镇化进程的推进是地区经济发展水平、产业集聚和人口集聚水平不断提高的过程。首先，城镇化水平提高通常与地区经济发展同步实现，而 Grossman 和 Krueger（1991）的经典研究表明，只有地区收入水平达到一定程度之后，民众强劲的环保需求才会倒逼政府进行环境污染治理。这也意味着，只有地区城镇化水平达到较高程度时，地方政府才会有足够的雾霾治理动力，其治霾效果才会比较显著。其次，陆铭和冯皓（2014）的研究表明，伴随地区城市规模或城市集聚加强，环境污染治理的规模经济效应会不断凸显。同样，伴随城镇化水平提升，地区产业集聚程度会有所提高，地方政府雾霾治理投资规模效应和有效性也会有所提升。最后，由于城镇化水平必然带来地区产业、人口的集聚，使得雾霾污染的危害更加集中暴露，地区民众的环保意识、环保诉求显著增强，社会公众对政府环境治理的要求也更高，从而倒逼地方政府提升雾霾治理效果或效率。因此，基于以上分析，提出以下理论假说：

假说 4：只有地区城镇化水平达到较高程度，地方政府雾霾治理的成效才会比较显著。

8.3 研究设计

8.3.1 基本框架和变量说明

为了对以上理论假说进行检验，借鉴邵帅等（2016）、黄寿峰（2017）等的研究框架，本章计量模型框架如下：

$$somg_{i,t}=\alpha_0+\alpha_1 gov_{i,t}+\alpha_2 ey_{i,t}+\alpha_3 ey^2_{i,t}+\alpha_4 sci_{i,t}+\alpha_5 s_{i,t}+\alpha_6 urb_{i,t}+\alpha_7 fdi_{i,t}+\alpha_8 h_{i,t}+\alpha_9 den_{i,t}+\varepsilon_{i,t} \tag{8-1}$$

其中，i、t 分别表示地区、年份，α_0 表示常数，$\alpha_1 \sim \alpha_9$ 表示各影响因素系数，ε 表示随机扰动项。

雾霾指标方面，2013 年之后，国内部分城市较为系统的官方雾霾检测数据才开始逐步公布，省级层面的雾霾数据和国内大多数城市的客观雾霾数据是难以获得的，也限制了对政府环境治理（雾霾控制）效果的实证研究。借鉴邵帅等（2016）、黄寿峰（2017）等的做法，本章利用 ArcGIS 软件提取了美国哥伦比亚大学发布全球的基于卫星监测的全球 PM2. 5 浓度年均值的栅格数据，从中整理出各年度各省（区、市）或地市雾霾污染数据，分别用 *smog* 和 *SMOG* 表示。

政府环境治理（*gov*）方面，借鉴李子豪和袁丙兵（2019）的做法将其分为三种：环保立法（*law*）、环保执法（*enf*）、环保支出（*inv*）。其中，环保立法指的是各个地方政府每年在环境保护上所颁布的法律法规数量；

环保执法指的是各个地方政府环境保护机构中单位工作人员查处环保案件数；环保支出指的是各个地方政府每年在环境保护上的支出占一般公共预算支出的比例。地方政府环境立法（*law*）利用《法律之星数据库》省级人大以及政府出台的环境保护法律法规数量，环境保护支出（*inv*）数据主要来源于地方财政年鉴。由于数据缺失，本章未对地市层面环保立法和环保执法统计分析。

ey 是经济发展水平，本章用人均 GDP 衡量，省级和地市分别用 *ey* 和 *EY* 表示。多数雾霾污染影响因素分析在 EKC 框架基础上进行，邵帅等（2016）、黄寿峰（2017）也发现地区经济发展与雾霾之间存在显著非线性关系。这是因为，经济水平决定了当地政府治理雾霾的条件，也能有效地反映当地社会公众、政府以及企业对雾霾治理的意识强弱。同时，为了考察经济发展与雾霾污染之间的非线性关系，计量模型中包含人均 GDP 的平方项（ey^2）。

sci 是地区科技水平，借鉴田毕飞和陈紫若（2016）的做法，本章用省级和地市科学技术支出占当地一般公共预算支出的比重进行衡量。地区技术水平是污染影响因素分析技术效应框架的重要组成部分，同时也是地方政府雾霾治理的重要基础和支撑手段。

s 是地区产业结构，本章用各地区第二产业增加值占 GDP 比重衡量，省级和地市分别用 *s* 和 *S* 表示。由于第二产业使能源消耗依赖度较高，地区工业进程推进通常被认为是雾霾污染加剧的重要原因。

urb 表示地区城镇化水平，本章用本地区常住人口占总人口比重衡量，省级和地市分别用 *urb* 和 *URB* 表示；城镇化进程带来的产业变迁、人口集聚以及基础设施建设都会对地区雾霾污染产生影响。

fdi 是地区外资水平，分别用 *fdi* 和 *FDI* 表示省级和地市外资。由于外资进入会对当地环境技术发展产生重要影响，也是地区政府之间资本或资

源竞争的主要对象，地区外资水平会对当地雾霾污染产生重要影响。借鉴李子豪（2016）的计算方法，用各地区 FDI 存量占当年 GDP 的比重表示外资水平。

den 表示地区人口密度，本章用单位面积的地区人口衡量，分别用 *den* 和 *DEN* 表示省级和地市的人口密度；人口密度产生的集聚效应一定程度上会对政府环境治理决策产生影响，也会通过社会活动对地区雾霾污染产生影响。

8.3.2 计量模型和方法

由于地方政府环境治理和雾霾污染都可能会受到周边地区的影响，具有一定的空间关联特征，因此，为了更好地考察政府环境治理的影响并对理论假说 2 进行考察，模型构建必须加入地区空间效应的影响。同时，考虑到雾霾污染受到地区经济活动、环保政策执行的变化的影响而存在一定的时滞性，计量模型中加入雾霾指标的时间滞后项。则本章空间关联角度的估计模型如下：

$$smog_{i,t-1} = \beta_0 + \beta_1 gov_{i,t-1} + \beta_2 W_{i,t} gov_{i,t} + \beta_3 ey_{i,t} + \beta_4 W_{i,t} ey_{i,t} + \beta_5 ey^2_{i,t} + \beta_6 W_{i,t} ey^2_{i,t} + \beta_7 sci_{i,t} + \beta_8 s_{i,t} + \beta_9 W_{i,t} s_{i,t} + \beta_{10} urb_{i,t} + \beta_{11} fdi_{i,t} + \beta_{12} W_{i,t} fdi_{i,t} + \beta_{13} h_{i,t} + \beta_{14} den_{i,t} + \beta_{15} W_{i,t} den_{i,t} + \sigma_{i,t} \tag{8-2}$$

其中，$W_{i,t}$ 是一个 $N \times N$ 维空间加权矩阵，从地理权重、经济权重以及混合权重三个方面进行研究。地理权重矩阵 $W_d = 1 / d^2_{ab}$，$a \neq b$，否则为 0；经济权重矩阵 $W_e = 1/|gdp_a - gdp_b|$，$a \neq b$，否则为 0；混合空间权重矩阵 $W_m = W_d \cdot W_e$。$somg_{i,t}$ 为雾霾浓度的时间滞后项，$W_{i,t} gov_{i,t}$、$W_{i,t} ey_{i,t}$、$W_{i,t} ey^2_{i,t}$、$W_{i,t} s_{i,t}$、$W_{i,t} fdi_{i,t}$、$W_{i,t} den_{i,t}$ 分别为地方政府环境治理行为、人均收入、人均收入平方项、产业结构、外资存量以及人口密度的空间滞后项。

为了更好地考察地方政府环境治理的空间关联效应，解决自变量和因变量本身时间滞后项带来的影响，本章使用基于动态空间面板估计的动态空间杜宾模型（Dynamic Spatial Durbin Model，DSDM）进行计量估计。

理论假说 3 和假说 4 提出地区科技水平和城镇化水平对地方政府环境治理的雾霾影响具有门槛效应，为了对相关理论假说进行检验，本章采用面板门槛回归的方法，分别将科学技术支出水平和城镇化水平门槛值作为未知变量引入式（8–1）中，建立地方政府治理雾霾的分段函数，并对科学技术支出水平、城镇化水平的门槛值以及门槛效应进行实证分析。假设存在单一门槛效应，得到如下模型：

$$smog_{i,t-1}=\delta_0+\delta_1 gov_{i,t}I_{i,t}(th\leqslant\theta)+\delta_2 gov_{i,t}I_{i,t}(th>\theta)+\delta_3 ey_{i,t}+\delta_4 ey^2_{i,t}+\delta_5 s_{i,t}+\delta_6 fdi_{i,t}+\delta_7 h_{i,t}+\delta_8 den_{i,t}+\pi_{i,t} \quad (8\text{–}3)$$

其中，th 是门槛变量，即科学技术支出占比和城镇化，θ 为具体的科学技术支出占比和城镇化水平门槛值，$I(\cdot)$ 为门槛值效应函数。多重门槛可以由式（8–3）变化得来。

与按照科学水平或城镇化水平进行比较研究相比，面板门槛估计能够更好地根据数据自身的特征进行内生分组回归，有效地减少外生分组带来的主观误差。同时，考虑到地方政府雾霾治理自身的动态影响以及解释变量存在滞后效应，本章借鉴以往学者经常使用到的方法，利用动态面板门槛估计方法对解释变量产生的门槛效应进行考察。

8.3.3 数据来源和统计性描述

由于数据可得性，本章中省级层面对象为 2003—2016 年中国 30 个省（市、区）（不包括西藏、港澳台地区）；其中，由于环保财政支出科目在 2007 年设立，其数据年份从 2007 年到 2016 年。地市层面对象为 2007—2016 年中国 217 个地级市。对于涉及价格的数据，均以 2000 年为基期进行不变价格处理。省级政府环境治理数据主要来源于《中国财政年鉴》《中国统计年鉴》和法律之星数据库；地市政府环境治理数据主要来源于各地市《财政年鉴》《统计年鉴》和地市财政局官网，由手工整理所得。其他变量数据主要来源于各地市《统计年鉴》《中国外商直接投资发展报告》《中国统计年鉴》和 EPS 数据库。表 8-1 对省级和地市所涉及的所有变量进行描述性统计。由表 8-1 可知，省级政府与地市政府的环境治理、PM2.5 浓度等存在着明显差异，研究地区政府环境治理对雾霾污染的影响很有必要；同时，由于各地区科学技术支出、城镇化水平也存在一定的差异，这意味着从地区科技和城镇化水平考察地方政府环境治理的门槛效应存在一定合理性。

表 8-1　变量的描述性统计

变量	单位	省级层面				地市层面			
		均值	最小值	最大值	标准差	均值	最小值	最大值	标准差
smog/SMOG	PM2.5（μg/m^3）	31.89	4.81	81.98	16.67	38.95	7.12	86.74	16.28
law/LAW	环保立法（件）	27.22	0	208	29.84	3.79	0	110	9.01
Enf	执法案件（例 / 人）	0.53	0.01	5.95	0.62	—	—	—	—
lnv/INV	环保占比（%）	3	0.85	6.73	1.08	2.96	0.13	31.82	2.19
ey/EY	人均 GDP（万元）	1.19	0.28	3.18	0.64	1.39	0.27	8.37	0.86
sci/SCI	科学技术支出占比（%）	1.53	0.22	7.2	1.31	1.64	0.07	20.68	1.44
s/S	第二产业占比（%）	46.98	19.26	61.5	7.94	50.18	14.95	90.97	10.49
urb/URB	城镇化（%）	50.48	13.89	89.6	14.58	52.53	7.08	100	18.81

续表

变量	单位	省级层面				地市层面			
		均值	最小值	最大值	标准差	均值	最小值	最大值	标准差
fdi/FDI	外资存量占比（%）	15.32	0.79	78.83	13.41	26.73	0	168.35	28.18
den/DEN	人口密度（人/km^2）	436.84	7.4	3826.2	630.11	482.68	21	2648	336.65

8.4 计量估计和分析

8.4.1 基于空间关联效应的估计和分析

表 8-2 渠道差异与空间溢出效应估计

模型	解释变量：执法案件数（enf）		模型	解释变量：环保立法（law）		模型	解释变量：环保财政支出（inv）	
变量	SDM 模型	DSDM 模型	变量	SDM 模型	DSDM 模型	变量	SDM 模型	DSDM 模型
$smog_{t-1}$		0.092^{**}	$smog_{t-1}$		0.109^{***}	$smog_{t-1}$		0.103^{***}
		（2.56）			（2.78）			（2.67）
Enf	0.163	0.246	law	-0.021^{***}	-0.021^{***}	Inv	-0.464^{*}	-0.458^{*}
	（0.63）	（0.94）		（-3.28）	（-3.25）		（-1.71）	（-1.66）
Ey	-7.276^{**}	-5.556^{**}	ey	-2.821^{**}	-2.954^{***}	Ey	-2.349^{*}	-1.421^{*}
	（-2.13）	（-2.06）		（-2.45）	（-2.73）		（-1.92）	（-1.73）
ey^2	2.106^{**}	1.581^{*}	ey^2	1.622^{*}	1.896^{*}	ey^2	1.039^{*}	1.219^{*}
	（2.42）	（1.74）		（1.69）	（1.84）		（1.74）	（1.77）
S	-0.037^{*}	-0.029	s	-0.028	-0.043^{*}	S	-0.155^{**}	-0.149^{**}
	（-1.86）	（-1.63）		（-1.54）	（-1.96）		（-2.39）	（-2.10）
Sci	-0.243^{*}	-0.256^{*}	sci	-0.225^{*}	-0.203^{*}	Sci	-0.388^{*}	-0.206
	（-1.88）	（-1.92）		（-1.73）	（-1.70）		（-1.99）	（-1.52）
Urb	0.016	0.064^{*}	urb	0.059^{*}	0.066^{*}	Urb	0.130^{*}	0.117^{*}
	（1.08）	（1.68）		（1.71）	（1.70）		（1.74）	（1.66）

续表

模型	解释变量：执法案件数（enf）		模型	解释变量：环保立法（law）		模型	解释变量：环保财政支出（inv）	
变量	SDM 模型	DSDM 模型	变量	SDM 模型	DSDM 模型	变量	SDM 模型	DSDM 模型
Fdi	–0.040*	–0.065**	fdi	–0.017*	–0.015*	Fdi	–0.071*	–0.070*
	（–1.68）	（–2.16）		（–1.68）	（–1.67）		（–1.92）	（–1.87）
Den	–0.002	–0.002	den	–0.006**	–0.005*	Den	–0.013**	–0.015**
	（–0.82）	（–0.60）		（–1.99）	（–1.74）		（–2.29）	（–2.13）
Wenf	–0.551	–0.635	Wlaw	0.043***	0.043***	Winv	–0.313*	–0.384*
	（–1.04）	（–1.19）		（3.79）	（3.81）		（–1.73）	（–1.77）
Wey	–0.474*	–0.463*	Wey	–0.968*	–0.892*	Wey	–0.586*	–0.443
	（–1.77）	（–1.67）		（–1.86）	（–1.67）		（–1.65）	（–1.45）
Wey^2	2.055*	1.600*	Wey^2	0.406	0.609	Wey^2	2.304	1.842
	（1.82）	（1.75）		（1.29）	（1.43）		（1.15）	（0.79）
Ws	–0.070	–0.074	Ws	–0.104*	–0.153**	Ws	–0.218**	–0.164*
	（–1.07）	（–1.09）		（–1.80）	（–2.48）		（–2.11）	（–1.68）
Wsci	0.354	0.563*	Wsci	0.274	0.212	Wsci	0.441	0.506
	（1.46）	（1.68）		（1.62）	（1.03）		（0.64）	（1.22）
Wurb	–0.017	–0.014	Wurb	–0.069	–0.213**	Wurb	–0.507*	–0.435*
	（–0.30）	（–0.28）		（–0.84）	（–2.22）		（–1.93）	（–1.67）
Wfdi	0.044	0.175**	Wfdi	0.052	0.045	Wfdi	0.039	0.014
	（0.58）	（1.97）		（0.77）	（0.77）		（0.37）	（0.12）
Wden	–0.010*	–0.005	Wden	–0.005	–0.004	Wden	–0.011	–0.013
	（–1.77）	（–0.88）		（–0.73）	（–0.62）		（–1.12）	（–1.14）
P	0.779***	0.787***	ρ	0.590***	0.589***	P	0.559***	0.562***
	（22.39）	（22.72）		（15.04）	（14.80）		（11.50）	（11.14）
R^2	0.313	0.320	R^2	0.337	0.355	R^2	0.372	0.381
Log L	–585.757	–888.657	Log L	–888.657	–915.679	Log L	–676.972	–607.577

注：括号内的数值表示相应估计系数的 t 统计值，***、**、* 分别表示在 1%、5%、10% 的水平上显著；为更加系统地考察地区空间关联影响，此处空间权重为地理与经济权重嵌套的混合权重矩阵。

为更好地对理论假说 1 和假说 2 进行验证，本章同时使用空间静态和空间动态杜宾效应模型进行考察。表 8–2 是地方政府环保立法（*law*）、环保执法（*enf*）和环保支出（*inv*）对雾霾治理的空间关联影响结果，也比较了不同渠道政府环境治理对雾霾的影响差异。由表 8–2 可知，相比静态估计模型，动态估计模型的拟合度更高，本章主要以动态估计结果解释分析。本章首先考察了当地政府环保立法（*law*）、环保执法（*enf*）和环保支出（*inv*）与邻近地区环保立法（*wlaw*）、环保执法（*wenf*）和环保支出（*winv*）对本地雾霾污染的影响。*law* 系数均显著为负，表明地方政府环保立法能够有效降低本地雾霾污染；然而，政府环保执法（*enf*）对雾霾的治理效果并不明显，这可能是我国 2013 年才开始对雾霾治理实施专项执法，环保执法时也会受到经济放缓压力的影响，效果可能并不明显；政府环保支出（*inv*）能够明显提高雾霾治理效果。邻近地区政府环保立法（*wlaw*）、环保执法（*wenf*）和环保支出（*winv*）的影响方面，*wenf* 和 *winv* 的系数均为负，但邻近地区环保执法的影响并不显著，邻近地区环保投资效果则相对有效，这可能是，环保执法对雾霾污染的控制效果目前尚未有效发挥，但周边地区环保投资带来的雾霾降低效应通过空间外溢显著降低了本地雾霾污染；但是，周边地区环保立法明显对本地政府治理雾霾产生抑制作用，这可能是，地方政府之间为了保持一定的竞争优势，在雾霾治理方面出现了“逐底竞争”的现象，面对其他地区政府加强环保立法加大雾霾治理时，本地政府很可能通过策略性降低环保标准的政策竞争吸引外地资本或资源流入，加剧本地区的雾霾污染。

其他因素影响方面，由人均收入 *ey* 和 ey^2 的估计系数可知，经济增长与雾霾污染呈显著的正“U”形曲线关系，这与邵帅（2016）、黄寿峰（2017）的研究结论类似。这可能是，在经济发展初期，经济增长模式以粗放型为主，经济增长带来雾霾污染虽然严重，但是政府进行雾霾治理的规模效应和技术效果会比较显著，经济增长对雾霾污染的压力并不明显；但是当地区经济发展水平达到一定高度以后，产业转型升级的压力、环保技术的瓶颈因素都会不断凸显，此时经济增长带来的雾霾污染反而更加显著，且治理难度加大。邻近地区经济发展的影响方面，*Wey* 的估计系数显著为负，Wey^2 虽为正值却多数没有通过显著性检验，这可能是，由于地区之间经济竞争和粗放型的经济增长模式存在，邻近地区经济发展通过粗放产业竞争降低了本地雾霾治理压力。地区产业结构（*s*）和周边地区产业结构（*Ws*）在 *law* 和 *inv* 方程中估计系数均显著为负，但 *enf* 方程未通过显著性检验；结果与理论预期存在差异，这可能是，地区工业化发展虽然一定程度带来雾霾污染的加剧，但是由于雾霾治理的规模效应和绿色技术的促进，本地工业发展并未显著带来雾霾污染的加剧，甚至可能带来雾霾污染的降低；而且，通过地区之间的正向空间溢出，邻近地区工业发展的雾霾治理效果也会降低本地雾霾污染。科技发展的影响方面，本地技术发展（*sci*）显著降低了雾霾污染，这表明地区技术水平提升能够通过提升能源利用效率、降低雾霾污染强度等渠道降低当地雾霾污染（邵帅 2016）；邻近地区技术进步（*Wsci*）的系数为正且不甚显著，这可能是，地区之间通过绿色技术溢出降低雾霾污染的良性互动尚未出现。城镇化的影响方面，本地城镇化发展（*urb*）比较显著地增加了雾霾污染，这与刘晨跃和徐盈之（2017）研究结论类似，即城镇化很可能通过能源消耗增长、房地产投资增加、基础设施建设推进和城镇交通压力加大等渠道加剧本地雾霾污染；由（*Wurb*）的系数可知，邻近地区城镇化一定程度上降低了本地雾霾污染，这可能是，邻近地区城镇化争夺了本地人口流入，间接减缓了本地雾霾治理压力。本地外资水平（*fdi*）估计系数均显著为负，这与邵帅（2016）的研究结论类似，表明外资企业可能通过环境技术溢出、环境标准的示范改善了地区雾霾污染；邻近地区外资（*Wfdi*）估计系数均为正但并不显著，这可能是，邻近地区通过外资竞争降低了本地高端产业流入的机会，不利于当地制造业转型和环保技术升级。多数方程中，人口密度（*den*）估计系数显著为负，这可能是，人口密度加大可能会提升雾霾治理的规模效应，同时人口密度加大带来的雾霾治理监督压力增加也会有效降低雾霾污染；邻近地区人口密度（*Wden*）虽为负值多数却未通过显著性检验，说明邻近地区人口集聚可能通过雾霾治理成效提升间接改善本地雾霾污染。

8.4.2 基于门槛效应的估计和分析

表 8-3 门槛变量的显著性检验和置信区间

门槛类	核心解释变量	门槛数	F 值	10%	5%	1%	门槛值	95% 置信区间
科技水平（sci）	执法案件数（enf）	单一	6.104**	3.972	5.750	10.832	2.250	（2.250，3.880）
		双重	5.776**	3.391	5.249	9.910	0.530	（0.500，2.100）
		三重	2.127	2.283	4.050	7.239		
	环保立法（law）	单一	7.907**	5.033	7.874	13.486	4.440	（4.440，4.640）
		双重	4.642**	2.891	4.278	9.197	0.360	（0.310，0.441）
		三重	0.583	2.567	3.687	7.549		
	环保财政支出（inv）	单一	9.693**	6.778	9.240	15.882	3.740	（3.700，4.440）
		双重	5.527**	5.309	7.640	15.153	1.530	（0.790，1.642）
		三重	4.457	4.451	5.998	12.996		
城镇化（urb）	执法案件数（enf）	单一	19.092**	12.155	18312	30.100	86.500	（86.500，88.600）
		双重	10.031**	6.463	8.909	16.884	45.760	（37.700，45.760）
		三重	2.705	4.438	6.804	8.967		
	环保立法（law）	单一	18.429**	5.425	8.663	20.274	81.550	（81.550，82.744）
		双重	7.693**	4.332	5.969	14.227	68.710	（68.710，70.442）
		三重	3.599	3.927	4.012	9.744		
	环保财政支出（inv）	单一	10.218**	7.107	11.628	21.503	82.010	（82.010，86.350）
		双重	7.552**	3.595	5.232	10.429	67.370	（41.800，67.400）
		三重	3.029	3.143	3.826	6.280		

注：表中的 F 值和 10%、5%、1% 的临界值均为采用“自抽样”300 次得到的结果；** 表示在 5% 水平显著。

表 8-3 给出了以式（8-3）为基础，采用动态面板门槛估计检验得到的，省级层面地方政府环境治理对雾霾污染的科技水平、城镇化门槛效应显著性检验和具体门槛值估值。由表 8-3 可知，无论采用何种政府环境治理作为核心解释变量，地方政府环境治理对雾霾污染的影响均存在双重的科技水平、城镇化门槛效应，且所有门槛效应均至少在 5% 显著性水平上通过 F 检验。

表 8-4　科学技术支出门槛效应的估计

	环保执法（enf）			环保立法（law）			环保投资（inv）		
区间	（0，0.530）	（0.530，2.250）	（2.250，+ ∞）	（0，0.360）	（0.360，4.440）	（4.440，+ ∞）	（0，1.530）	（1.530，3.740）	（3.740，+ ∞）
$smoj_{it-1}$	0.149*	0.150*	0.038*	0.132	0.124	0.162*	−0.003	−0.095	−0.167
	（1.67）	（1.69）	（1.72）	（1.44）	（1.34）	（1.72）	（−0.01）	（−0.36）	（−0.62）
Gov	0.228	2.007***	−0.229	0.027***	−0.075*	−0.093*	−0.163	0.709	−1.018*
	（0.47）	（2.79）	（−1.42）	（3.05）	（−1.66）	（−1.76）	（−0.28）	（1.24）	（−1.70）
Ey	−2.462*	−2.463*	−2.792	−2.155**	−2.289**	−1.539	−5.812*	−7.001*	−5.756*
	（−1.74）	（−1.76）	（−1.61）	（−2.49）	（−2.52）	（−1.35）	（−1.76）	（−1.92）	（−1.72）
ey^2	0. 778*	0.778*	0.914	0. 605	0.666*	0.472	1.115	1.197	0.604
	（1.75）	（1.75）	（0.89）	（1.61）	（1.66）	（1.47）	（1.56）	（1.60）	（0.30）
S	−0.136*	−0.137*	−0.127*	−0.193***	−0.192***	−0.207***	−0.206**	−0.212**	−0.203**
	（−1.82）	（−1.82）	（−1.70）	（−2.68）	（−2.66）	（−2.86）	（−2.00）	（−2.08）	（−1.99）
Fdi	−0.114*	−0.115*	−0.001	−0.056	−0.049	−0.071	−0.007	0.047	−0.087
	（−1.72）	（−1.72）	（−0.91）	（−0.82）	（−0.71）	（−1.02）	（−0.03）	（0.23）	（−0.43）
Den	−0.007*	−0.007*	−0.007*	−0.007*	−0.007*	−0.008**	−0.013	−0.014	−0.015
	−1.75）	（−1.75）	（−1.67）	（−1.81）	（−1.79）	（−2.00）	−1.42）	（−1.46）	（−1.62）
AR（1）	−3.299	−3.321	−3.021	−3.335	−3.300	−3.277	−2.734	−2.712	−2.754
	[0.001]	[0.001]	[0.001]	[0.001]	[0.001]	[0.001]	[0.006]	[0.006]	[0.005]
AR（2）	2.564	2.632	2.441	2.776	2.744	2.667	2.230	2.225	2.327
	[0.113]	[0.146]	[0.108]	[0.155]	[0.152]	[0.149]	[0.125]	[0.130]	[0.144]

续表

	环保执法（enf）			环保立法（law）			环保投资（inv）		
Sargan	24.206	24.321	22.446	25.315	25.277	25.082	24.991	24.877	25.021
	[1.000]	[1.000]	[1.000]	[1.000]	[1.000]	[1.000]	[0.895]	[0.894]	[0.895]

注：（ ）内为参数的 t 值，***、**、* 分别表示 t 检验值在 1%、5%、10% 水平上显著。AR（1）、AR（2）和 Sargan 检验系数 [ ] 内是 p 值。下同。

表 8–4 显示了地区科技水平门槛效应的估计结果。表中 AR（1）、AR（2）和 Sargan 是对估计结果的检验，说明本章工具变量选取较为合理。由于表 8–2 中已经给出人均收入、产业结构、外资存量和人口密度对地方政府雾霾治理的动态影响，且表 8–4 结果与表 8–2 类似，此处不再赘述。表 8–4 主要对不同科技水平线下地方政府治理雾霾效应的差异进行分析。在环保执法方程中，当 $sci \leqslant 0.530$ 时，*enf* 系数为正（未通过显著性检验）；当 $0.530 < sci \leqslant 2.250$ 时，*enf* 系数显著为正；而当 $sci > 2.250$ 时，*enf* 系数为负且未通过显著性检验。环保立法方程中，当 $sci \leqslant 0.360$ 时，*law* 系数显著为正；当 $0.360 < sci \leqslant 4.440$、$sci > 4.440$ 时，*law* 系数均显著为负。环保投资方程中，当 $sci \leqslant 1.530$ 时，*inv* 系数为负且未通过显著性检验；当 $1.530 < sci \leqslant 3.740$ 时，*inv* 系数为正（未通过显著性检验）；当 $sci > 3.740$ 时，*inv* 系数显著为负。综合以上结果可知，当地区科学技术水平较低时，地方政府环保立法、环保执法和环保投资治理雾霾效果较弱，甚至出现了政府环境治理增加地区雾霾污染的情形；这可能是，地区科技投入低也会制约环保技术提升，而地区较低的环保技术水平不仅使得政府雾霾治理投资中出现资源浪费和效率低下的现象，环保立法和环保执法的治霾效果也可能被企业环保领域的寻租交易所规避，反而增加地区雾霾排放。而当地区科技水平较高时，地方政府环保立法、环保投资在雾霾治理方面成效显著，环保执法方面也存在不甚显著的治霾效果；这是因为，伴随着科学技术支出的提高，地方政府环境规制会更加严格，公众和企业的环

保意识有所提升，企业技术水平的提升有助于资源的合理配置，使得政府环保行为在治理雾霾方面更加高效。因此，只有地区技术水平达到较高程度，地方政府环境治理对雾霾的控制效果才比较显著，这与理论假说3一致，说明地方政府雾霾治理存在显著的科技水平门槛效应。以政府环境治理能够有效发挥减霾作用的最低水平科技门槛值（2.250%）来看，2016年30个省（区、市）中只有广东、上海、安徽、北京、浙江、江苏、天津和湖北8个省（市）跨过了该门槛水平，这意味着多数地区还需要加大科技投入以提高地方政府雾霾治理成效。

表8-5 城镇化门槛效应的估计

	环保执法（enf）			环保立法（law）			环保投资（inv）		
区间	（0，45.760）	（45.760，86.500）	（86.500，+∞）	（0，68.710）	（68.710，81.550）	（81.550，+∞）	（0，67.370）	（67.370，82.010）	（82.010，+∞）
$smoj_{it-1}$	0.154	0.157	0.159	0.199	0.203	0.205	0.332	0.256	0.210
	（1.11）	（1.14）	（1.16）	（1.57）	（1.58）	（1.60）	（1.62）	（1.26）	（1.03）
Gov	1.788	0.226	0.418	0.027***	−0.103*	−0.090*	−0.115	2.500***	−3.642**
	（1.22）	（0.58）	（1.05）	（2.71）	（−1.93）	（−1.79）	（−0.23）	（2.60）	（−2.57）
Ey	−10.385**	−8.965**	−9.040**	−10.967***	−10.922***	−10.937***	−11.056*	−12.148**	−13.111**
	（−2.49）	（−2.13）	（−2.15）	（−2.81）	（−2.79）	（−2.82）	（−1.84）	（−2.05）	（−2.22）
ey^2	2.157**	1.804*	1.817*	2.391**	2.383**	2.374**	2.363	2.483	2.494
	（2.17）	（1.79）	（1.80）	（2.54）	（2.53）	（2.50）	（1.39）	（1.49）	（1.51）
S	−0.066	−0.074	−0.082*	−0.116	−0.119	−0.127	−0.168*	−0.137	−0.164*
	（−1.36）	（−1.47）	（−1.95）	（−1.46）	（−1.47）	（−1.50）	（−1.69）	（−1.40）	（−1.63）
Fdi	−0.079	−0.075	−0.078	−0.104	−0.107	−1.09	−0.260*	−0.210	−0.219
	（−0.79）	（−0.76）	（−0.79）	（−1.13）	（−1.14）	（−1.16）	（−1.67）	（−1.30）	（−1.36）
Den	−0.008*	−0.009**	−0.009**	−0.004	−0.004	−0.004	−0.039***	−0.036***	−0.037***
	（−1.87）	（−2.04）	（−2.08）	（−0.93）	（−0.92）	（−0.95）	（−3.55）	（−3.37）	（−3.44）
AR（1）	−3.774	−3.558	−3.449	−3.472	−3.311	−3.287	−2.844	−2.920	−2.941
	[0.001]	[0.001]	[0.001]	[0.001]	[0.001]	[0.001]	[0.004]	[0.004]	[0.004]

续表

	环保执法（enf）			环保立法（law）			环保投资（inv）		
AR（2）	2.611	2.544	2.494	2.844	2.582	2.573	2.517	2.523	2.525
	[0.167]	[0.157]	[0.150]	[0.164]	[0.160]	[0.153]	[0.170]	[0.174]	[0.178]
Sargan	23.822	22.882	22.772	26.022	23.774	23.463	26.233	26.821	26.833
	[1.000]	[1.000]	[1.000]	[1.000]	[1.000]	[1.000]	[0.914]	[0.923]	[0.925]

表 8–5 显示了城镇化门槛效应的估计结果。多数估计结果与表 8–4 类似，表 8–5 重点分析不同城镇化水平下，地方政府雾霾治理效果的差异。环保执法方程中，当 *urb* ≤ 45.7640，45.760 < *urb* ≤ 86.500 和 *urb* > 86.500 时，*enf* 系数均为正且均不显著。环保立法方程中，当 *urb* ≤ 68.710 时，*law* 系数显著为正；而当 68.710 < *urb* ≤ 81.550 和 *urb* > 81.550 时，*law* 系数显著为负。环保投资方程中，当 *urb* ≤ 67.370 时，*inv* 系数为负值（不显著）；但当 67.370 < *urb* ≤ 82.010 和 *urb* > 82.010 时，*inv* 系数显著为正。综合表 8–5 结果可知，在环保立法和环保投资方面，政府雾霾治理存在较为显著的城镇化门槛效应，理论假说 4 基本成立。当城镇化水平较低时，政府环境治理可能会增加雾霾污染。这可能是，城镇化初期的社会环保意识薄弱、环保技术水平不高，地方政府为了经济发展而设置了较低的环境规制标准，环保投资效率也相对较低，低水平的环保标准可能会导致高能耗企业过度生产，或者低效率环保投资可能会带来更多的资源消耗，从而加剧雾霾污染。而当地区城镇化水平达到一定水平后，政府雾霾治理就会有显著成效。这是因为，高水平的城镇化带来更高标准的雾霾治理要求和标准，此时环保技术的发展和环境治理中的“规模效应”也会使环保投资的治霾效果更加显著。以政府环境治理能够有效发挥减霾作用的最低水平城镇化门槛值（68.710%）来看，2016 年 30 个省（区、市）中只有上海、北京、天津、广东、江苏、辽宁和浙江 7 个省（市）跨过了该门槛水平，这意味着多数地区还需要加快推进城镇化以改善地方政府雾霾治理成效。

8.4.3 城市层面的稳健性检验

表 8-6 城市层面三种权重的稳健性检验

变量	地理权重		经济权重		混合权重	
$SMOG_{t-1}$	0.050***	(4.48)	0.105***	(4.88)	0.035***	(2.63)
INV	−0.063*	(−1.74)	−0.074**	(−1.96)	−0.089***	(−2.75)
EY	1.168**	(2.11)	1.897*	(1.71)	1.052*	(1.76)
EY^2	−0.139**	(−2.12)	−0.147	(−1.12)	−0.147**	(−2.02)
S	−0.024	(−1.48)	−0.060*	(−1.86)	−0.001	(−0.75)
SCI	−0.094*	(−1.85)	−0.297***	(−2.61)	−0.130**	(−1.96)
URB	0.019*	(1.73)	0.021*	(1.75)	0.024*	(1.90)
FDI	−0.008*	(−1.82)	−0.076***	(−4.71)	−0.004	(−1.38)
DEN	−0.002	(−1.51)	−0.001	(−1.16)	−0.003*	(−1.67)
WINV	−0.079	(−0.96)	−0.421**	(−2.37)	−0.215*	(−1.67)
WEY	−0.105	(−1.09)	−0.231	(−1.09)	−2.249*	(−1.83)
WEY^2	0.017	(1.11)	0.371	(1.57)	0.285**	(2.00)
WS	−0.009	(−0.92)	−0.006*	(−1.90)	−0.004*	(−1.72)
WSCI	−0.357***	(−2.76)	−0.057	(−1.14)	−0.553***	(−3.11)
WURB	0.024	(0.78)	0.077	(1.43)	0.055*	(1.74)
WFDI	−0.018	(−0.93)	−0.010**	(−2.09)	−0.023**	(−2.28)
WDEN	0.010	(1.62)	0.006	(1.56)	0.007	(1.48)
ρ	0.977***	(139.82)	0.519**	(17.14)	0.955***	(94.65)
R^2	0.360		0.308		0.373	
Log L	−404.673		−527.599		−428.164	

基于 30 个省（区、市）的实证研究结果表明，本章中的理论假说 1 至假说 4 都得到了基本的验证，即地方政府环境治理对雾霾污染的控制成效存在显著的渠道差异，也存在比较显著的空间关联效应和科技水平、城镇化门槛效应。但是，雾霾污染分布存在比较显著的局部性特点，一个省（区、市）内部不同城市的雾霾污染也会受到经济社会活动、地理空间因

素影响而存在较大差异，省级层面的估计略显综合；同时，由于本章理论假说 2 重点考察政府环境治理对雾霾污染的空间溢出影响，城市层面的研究也更加微观地考察地方政府之间的竞争性或策略性互动的影响，因此，在省级层面实证研究的基础上，本部分将以 2007—2016 年 217 个地市作为样本，对前文的实证结果进行稳健性检验。由于地市层面政府环境治理指标只有环保投资数据，此处不再对假说 1 进行验证。表 8–6 为地市层面地理权重、经济权重和混合权重对空间关联效应的稳健性检验估计结果，表 8–7 为地市层面科学技术水平门槛效应、城镇化水平门槛效应的稳健性检验估计结果。根据空间关联效应的估计结果可知，地方政府的环保投资能够比较显著地降低本地区雾霾浓度，邻近地区政府环保投资也会对本地雾霾治理产生显著的促进作用，对理论假说 2 再次进行了验证。对科学技术支出门槛效应估计分析可知，当科学技术支出高于 1.2% 时，地方政府环保投资对雾霾减少效果相对显著；对城镇化门槛效应估计分析发现，当该地区城镇化高于 79.9% 时，地方政府环保投资对雾霾控制的正面效果显著，上述结论再次验证了理论假说 3 和假说 4。表 8–6 与前文表格相比较，地市层面的其他变量的估计结果与省区估计差异不大，同时也说明了本章实证结果具有稳健性。

表 8–7　城市层面门槛效应的稳健性检验

科技支出区间	（0，0.320）	（0.320，1.200）	（1.200，+∞）	城镇化区间	（0，71.880）	（71.880，79.900）	（79.900，+∞）
$SMOG_{t-1}$	1.572***	2.089***	2.006***	$SMOG_{t-1}$	0.802***	0.742***	0.713**
	（2.88）	（3.48）	（3.34）		（2.79）	（2.59）	（2.48）
INV	0.016	0.059**	−0.312***	INV	0.031	0.153***	−0.467**
	（1.28）	（2.39）	（−2.92）		（1.38）	（4.51）	（−2.33）
EY	9.493*	14.381**	13.713**	EY	2.543*	1.985*	1.754
	（1.81）	（2.50）	（2.38）		（1.78）	（1.61）	（0.54）

续表

科技支出区间	（0，0.320）	（0.320，1.200）	（1.200，+∞）	城镇化区间	（0，71.880）	（71.880，79.900）	（79.900，+∞）
EY^2	−0.156	−0.883**	−0.837*	EY^2	−0.006	−0.031	−0.045
	（−1.25）	（−1.97）	（−1.87）		（−0.02）	（−0.11）	（−0.16）
S	0.068	−0.099**	−0.097**	S	−0.059	−0.088**	−0.087**
	（1.50）	（−2.08）	（−2.02）		（−0.31）	（−2.27）	（−2.25）
FDI	−0.298**	−0.417***	−0.398***	FDI	−0.119*	−0.100	−0.095
	（−2.31）	（−2.95）	（−2.81）		（−1.68）	（−1.42）	（−1.34）
DEN	−0.122***	−0.161***	−0.155***	DEN	−0.063***	−0.058***	−0.056**
	（−2.90）	（−3.50）	（−3.36）		（−2.80）	（−2.60）	（−2.50）

8.5 结论和政策建议

本章通过使用动态空间计量估计和动态面板门槛估计方法考察了中国30个省（区、市）以及217个地市的样本数据，实证检验了地方政府环境治理行为对雾霾污染的影响。根据实证结果发现，本地政府和周边政府环境治理行为的加强都有助于当地政府对雾霾污染的控制，但是环保立法通过空间溢出效应对本地政府雾霾治理有一定的抑制作用。同时，考虑到地方政府环境治理行为存在区域异质性，当科技水平和城镇化水平较低时，地方政府通过环保立法对雾霾治理的负面影响显著；而当科技水平和城镇化水平较高时，地方政府通过环保立法和环保投资对雾霾治理的正面影响显著。通过对其他影响因素分析发现，当地经济水平、产业结构、外资存量以及人口密度与雾霾浓度呈负相关关系。在本章研究结论的基础上，提出以下政策建议：

第一，严格落实环境治理行为，完善雾霾治理领域防治和监督体系。地方政府以及相关部门要对雾霾污染实施严格专项减排和治理法律制度，确保环保执法体系具有一定的权威性，从而为环境治理执法工作的开展提供有效保障。同时，环保部门应当将环境治理整个阶段的执法信息透明化，加大约谈力度，从约谈、通报到问责为环保部门执法施加高强度压力，坚决抑制环保腐败现象的滋生；财政部门要按时公布环保财政支出的明细流向，调动各方力量，严格把控人力、物力、财力等方面对雾霾治理的投入，优化环保部门内部职能分工以及分权程度，完善部门与工作人员之间的监督约束体制。

第二，完善各地区间空间联动防治机制，把握生态环境保护和经济发展的协同发展。地方政府不仅要明确自身优化开发、重点开发、限制开发、禁止开发的重点，还要协调与其他地方政府之间的环境治理工作，通过对各个地区资源利用情况以及污染情况等方面进行联动防治，严格控制环境规制最低标准。同时，由于雾霾污染具有空间溢出效应，相关监督部门要严格抑制以经济利益为政绩考核标准的现象，预防"逐底竞争"现象的出现，坚持"总体谋划、久久为功"的理念，建立完善的资源环境承载水平监测预警长效机制。

第三，改善城镇化发展模式，推动绿色技术创新发展。地方政府在改善城镇化发展模式时，要严格贯彻"绿水青山就是金山银山"的发展理念，从提高城市化紧凑度来加强区域生产要素的使用效率，有助于城镇化发展环境质量的改善。同时，地方政府要注重绿色技术创新在环境治理方面的应用，利用严格的环境规制要求企业采用清洁环保的生产技术，要不断探索适合自身发展的生态产品，使用市场化手段推广自身可持续发展生态产品，大力发展新能源交通工具，减少对煤炭、石油等污染性能源的依赖。

参考文献

[1] 安苑，王珺. 财政行为波动影响产业结构升级了吗？——基于产业技术复杂度的考察 [J]. 管理世界，2012（9）：19–35.

[2] 包群，彭水军. 经济增长与环境污染：基于面板数据的联立方程估计 [J]. 世界经济，2006（11）：48–58.

[3] 蔡昉，都阳，王美艳. 经济发展方式转变与节能减排内在动力 [J]. 经济研究，2008（6）：4–11.

[4] 曹静，王鑫，钟笑寒. 限行政策是否改善了北京市的空气质量？ [J]. 经济学（季刊），2014，13（3）：1091–1126.

[5] 曾婧婧，胡锦绣. 中国公众环境参与的影响因子研究——基于中国省级面板数据的实证分析 [J]. 中国人口·资源与环境，2015（12）：62–69.

[6] 陈刚. 上行下效：高官腐败的示范效应研究 [J]. 经济社会体制比较，2013（2）：155–164.

[7] 陈万灵，杨永聪. 全球进口需求结构变化与中国产业结构的调整 [J]. 国际经贸探索，2014（9）：13–23.

[8] 陈媛媛，李坤望. FDI 对省际工业能源效率的影响 [J]. 中国人口·资源与环境，2010（6）：28–33.

[9] 陈媛媛. 东道国腐败、FDI 与环境污染 [J]. 世界经济研究，2016（10）：125–134.

[10] 成金华，孙琼，郭明晶，等. 中国生态效率的区域差异及动态演化研究 [J]. 中国人口·资源与环境，2014，24（1）：47–54.

[11] 初钊鹏，卞晨，刘昌新，朱婧. 雾霾污染、规制治理与公众参与的演化仿真

研究［J］. 中国人口・资源与环境，2019，29（7）：101–111.

［12］储德银，建克成. 财政政策与产业结构调整——基于总量与结构效应双重视角的实证分析［J］. 经济学家，2014（2）：80–91.

［13］崔亚飞，刘小川. 中国省级税收竞争与环境污染——基于 1998—2006 年面板数据的分析［J］. 财经研究，2010（4）：47–56.

［14］崔岩，尹木子. 我国公众环保组织参与的动机研究［J］. 青年研究,2015（3）：15–23.

［15］戴越，范允奇. 地区碳排放、腐败与经济增长关系的实证［J］. 统计与决策，2015（15）：135–138.

［16］邓柏盛，宋德勇. 我国对外贸易、FDI 与环境污染之间关系的研究：1995—2005［J］. 国际贸易问题，2008（4）：101–108.

［17］东童童，李欣，刘乃全. 空间视角下工业集聚对雾霾污染的影响——理论与经验研究［J］. 经济管理，2015，37（9）：29–41.

［18］范子英，田彬彬. 税收竞争、税收执法与企业避税［J］. 经济研究，2013（9）:99–111.

［19］傅京燕，李丽莎. 环境规制、要素禀赋与产业国际竞争力的实证研究——基于中国制造业的面板数据［J］. 管理世界，2010（10）：87–98.

［20］郭杰，李涛. 中国地方政府间税收竞争研究——基于中国省级面板数据的经验证据［J］. 管理世界，2009（11）：54–64.

［21］韩超，张伟广，单双. 规制治理、公众诉求与环境污染——基于地区间环境治理策略互动的经验分析［J］. 财贸经济，2016（9）：144–161.

［22］韩永辉，黄亮雄，王贤彬. 产业结构升级改善生态文明了吗——本地效应与区际影响［J］. 社会科学文摘，2015，36（12）：129–146.

［23］贺俊，刘亮亮，张玉娟. 税收竞争、收入分权与中国环境污染［J］. 中国人口・资源与环境，2016，26（24）：1–7.

［24］胡飞. 产业结构升级、对外贸易与环境污染的关系研究——以我国东部和中部地区为例［J］. 经济问题探索，2011（7）：113–118.

［25］黄建欢，吕海龙，王良健. 金融发展影响区域绿色发展的机理——基于生态

效率和空间计量的研究［J］. 地理研究，2014，33（3）：532–545.

［26］黄菁. 环境污染、人力资本与内生经济增长：一个简单的模型［J］. 南方经济，2009（4）：3–11.

［27］黄亮雄，王鹤，宋凌云. 我国的产业结构调整是绿色的吗？［J］. 南开经济研究，2012（3）：110–127.

［28］黄寿峰. 财政分权对中国雾霾影响的研究［J］. 世界经济，2017，40（2）：127–152.

［29］黄寿峰. 环境规制、影子经济与雾霾污染——动态半参数分析［J］. 经济学动态，2016（11）：33–44.

［30］纪明，刘志彪. 中国需求结构演进对经济增长及经济波动的影响［J］. 经济科学，2014（1）：10–22.

［31］晋盛武，吴娟. 腐败、经济增长与环境污染的库兹涅茨效应：以二氧化硫排放数据为例［J］. 经济理论与经济管理，2014，34（6）：28–40.

［32］阚大学，吕连菊. 对外贸易、地区腐败与环境污染——基于省级动态面板数据的实证研究［J］. 世界经济研究，2015（1）：120–126.

［33］阚大学，吕连菊. 要素市场扭曲加剧了环境污染吗——基于省级工业行业空间动态面板数据的分析［J］. 财贸经济，2016，37（5）：146–159.

［34］孔令池，高波，李言. 市场开放、地方财税竞争与产业结构调整——基于我国省级面板数据的实证研究［J］. 经济理论与经济管理，2017（10）：47–59.

［35］冷艳丽，杜思正. 产业结构、城市化与雾霾污染［J］. 中国科技论坛，2015（9）：49–55.

［36］黎文靖，郑曼妮. 空气污染的治理机制及其作用效果——来自地级市的经验数据［J］. 中国工业经济，2016（4）：93–109.

［37］李百吉，张倩倩. 中国区域能源供需结构均衡度及经济影响分析［J］. 经济问题探索，2017（4）：39–46.

［38］李斌，赵新华. 经济结构、技术进步与环境污染——基于中国工业行业数据的分析［J］. 财经研究，2011，37（4）：1–9.

[39] 李丁，张华静，刘怡君 . 公众对环境保护的网络参与研究——以 PX 项目的网络舆论演化为例 [J]. 中国行政管理，2015（1）：68–72.

[40] 李根生，韩民春 . 财政分权、空间外溢与中国城市雾霾污染：机理与证据 [J]. 当代财经，2015（6）：26–34.

[41] 李后建 . 腐败会损害环境政策执行质量吗 [J]. 中南财经政法大学学报，2013（6）：34–42.

[42] 李力，唐登莉，孔英等 . FDI 对城市雾霾污染影响的空间计量研究——以珠三角地区为例 [J]. 管理评论，2016，28（6）：11–24.

[43] 李强 . 环境规制与产业结构调整——基于 Baumol 模型的理论分析与实证研究 [J]. 经济评论，2013（5）：100–107.

[44] 李胜兰，初善冰，申晨 . 地方政府竞争、环境规制与区域生态效率 [J]. 世界经济，2014（4）：88–110.

[45] 李香菊，赵娜 . 税收竞争如何影响环境污染——基于污染物外溢性属性的分析 [J]. 财贸经济，2017（11）：133–148.

[46] 李欣，杨朝远，曹建华 . 网络舆论有助于缓解雾霾污染吗？——兼论雾霾污染的空间溢出效应 [J]. 经济学动态，2017（6）：45–57.

[47] 李阳，党兴华，韩先锋，宋文飞 . 环境规制对技术创新长短期影响的异质性效应——基于价值链视角的两阶段分析 [J]. 科学学研究，2014（6）：937–949.

[48] 李永友，沈坤荣 . 我国污染控制政策的减排效果——基于省际工业污染数据的实证分析 [J]. 管理世界，2008（7）：7–17.

[49] 李真，张梦 . 中国区域低碳竞争力的政治经济学分析：理论与实证 [J]. 财经研究，2016（6）：133–144.

[50] 李子豪，刘辉煌 . 腐败加剧了中国的环境污染吗——基于省级数据的检验 [J]. 山西财经大学学报，2013，35（7）：1–11.

[51] 李子豪，毛军 . 地方政府税收竞争、产业结构调整与中国区域绿色发展 [J]. 财贸经济，2018，39（12）：142–157.

[52] 李子豪，刘辉煌 . FDI 对环境的影响存在门槛效应吗？——基于中国 220 个

城市数据的检验［J］. 财贸经济，2012（9）：101–108.

［53］李子豪，刘辉煌 . 外商直接投资、地区腐败与环境污染——基于门槛效应的实证研究［J］. 国际贸易问题，2013（7）：50–61.

［54］李子豪，袁丙兵 . 空间关联和门槛效应的地方政府环境治理研究——基于廉洁度视角［J］. 中国软科学，2019（10）：61–69.

［55］李子豪 . 地区差异、外资来源与 FDI 环境规制效应研究［J］. 中国软科学，2016（8）：89–101.

［56］李子豪 . 公众参与对地方政府环境治理的影响——2003—2013 年省际数据的实证分析［J］. 中国行政管理，2017（8）：102–108.

［57］李子豪 . 外商直接投资对碳排放的门槛效应研究［J］. 资源科学，2015（1）：163–174.

［58］林季红，刘莹 . 内生的环境规制："污染天堂假说"在中国的再检验［J］. 中国人口 · 资源与环境，2013（1）：13–18.

［59］林永生，晏凌 . 2012 中国绿色发展指数报告发布暨绿色经济研讨会综述［J］. 经济学动态，2012（10）：152–154.

［60］刘晨跃，徐盈之 . 城镇化如何影响雾霾污染治理？——基于中介效应的实证研究［J］. 经济管理，2017，39（8）：6–23.

［61］刘东皇，谢忠秋，王志华 . 中国消费驱动的"推拉力"分析［J］. 中央财经大学学报，2015（1）：87–91.

［62］刘凤满，李昕耀 . 产业转移对地方环境规制影响的理论模型和经验验证——基于我国产业转移的实证检验［J］. 管理评论，2018，30（8）：30–42.

［63］刘华军，彭莹 . 雾霾污染区域协同治理的"逐底竞争"检验［J］. 资源科学，2019，41（1）：185–195.

［64］刘洁，李文 . 中国环境污染与地方政府税收竞争——基于空间面板数据模型的分析［J］. 中国人口 · 资源与环境，2013，23（4）：83–90.

［65］刘修岩，董会敏 . 出口贸易加重还是缓解中国的空气污染——基于 PM2.5 和 SO_2 数据的实证检验［J］. 财贸研究，2017，28（1）：76–84.

［66］龙小宁，朱艳丽，蔡伟贤 . 基于空间计量模型的中国县级政府间税收竞争的

实证分析［J］. 经济研究，2014（8）：41–53.

［67］陆菁. 国际环境规制与倒逼型产业技术升级［J］. 国际贸易问题，2007（7）：71–76.

［68］陆铭，冯皓. 集聚与减排：城市规模差距影响工业污染强度的经验研究［J］. 世界经济，2014，37（7）：86–114.

［69］罗能生，刘滔. 需求结构对我国环境质量影响的实证研究［J］. 中国软科学，2014（12）：38–47.

［70］罗知，李浩然. “大气十条”政策的实施对空气质量的影响［J］. 中国工业经济，2018（9）：136–154.

［71］吕长明，李跃. 雾霾舆论爆发下城市减排差异与大气污染联防联控［J］. 经济地理，2017，37（1）：148–154.

［72］聂辉华，张彧，江艇. 中国地区腐败对企业全要素生产率的影响［J］. 中国软科学，2014（5）：37–48.

［73］牛海鹏，朱松，尹训国，张平淡. 经济结构、经济发展与污染物排放之间关系的实证研究［J］. 中国软科学，2012（4）：160–166.

［74］彭本红，屠羽. 双重社会资本嵌入视角的雾霾治理机制研究［J］. 软科学，2017，31（5）：75–79.

［75］皮建才，殷军，周愚. 新形势下中国地方官员的治理效应研究［J］. 经济研究，2014（10）：89–101.

［76］祁玲玲，孔卫拿，赵莹. 国家能力、公民组织与当代中国的环境信访：基于2003—2010年省际面板数据的实证分析［J］. 中国行政管理，2013（7）：102–108.

［77］钱振华，刘家华. 关于环境治理的责任伦理反思——基于中外雾霾问题治理的比较分析［J］. 北京科技大学学报（社会科学版），2015，31（3）：76–86.

［78］任志成，张二震，吕凯波. 贸易开放、财政分权与国内市场分割［J］. 经济学动态，2014（12）：44–52.

［79］邵明伟，钟军委，张祥建. 地方政府竞争：税负水平与空间集聚的内生性研

究——基于2000—2011年中国省域面板数据的空间联立方程模型［J］.财经研究，2015，41（6）：58-69.

［80］邵帅，李欣，曹建华等.中国雾霾污染治理的经济政策选择——基于空间溢出效应的视角［J］.经济研究，2016，51（9）：73-88.

［81］沈亚芳，应瑞瑶.对外贸易、环境污染与政策调整［J］.国际贸易问题，2005（1）：59-63.

［82］石敏俊.雾霾治理的经济成本与社会成本［EB/OL］.http：//www.rmlt.com.cn/2017/0124/457460.shtml？ winzoom=1，2017-01-24.

［83］石庆玲，郭峰，陈诗一.雾霾治理中的"政治性蓝天"——来自中国地方"两会"的证据［J］.中国工业经济，2016（5）：40-56.

［84］史青.外商直接投资、环境规制与环境污染——基于政府廉洁度的视角［J］.财贸经济，2013，34（1）：93-103.

［85］孙宏芃.制度创新环境与中国绿色技术创新效率［J］.科技管理研究，2016，36（21）：251-257.

［86］孙坤鑫.机动车排放标准的雾霾治理效果研究——基于断点回归设计的分析［J］.软科学，2017，31（11）：93-97.

［87］孙攀，吴玉鸣，鲍曙明，仲颖佳.经济增长与雾霾污染治理：空间环境库兹涅茨曲线检验［J/OL］.南方经济，2019（10）：1-16.

［88］唐德才.工业化进程、产业结构与环境污染——基于制造业行业和区域的面板数据模型［J］.软科学，2009（10）：6-11.

［89］田毕飞，陈紫若.FDI对中国创业的空间外溢效应［J］.中国工业经济，2016（8）：40-57.

［90］田淑英，董玮，许文立.环保财政支出、政府环境偏好与政策效应——基于省际工业污染数据的实证分析［J］.经济问题探索，2016（7）：14-21.

［91］汪伟，胡军，宗庆庆.官员腐败行为的地区间策略互动：理论与实证［J］.中国工业经济，2013（10）：31-43.

［92］王波，郜峰.雾霾环境责任立法创新研究——基于现代环境责任的视角［J］.中国软科学，2015（3）：1-8.

[93] 王华星，石大千．新型城镇化有助于缓解雾霾污染吗——来自低碳城市建设的经验证据［J］．山西财经大学学报，2019，41（10）：15-27.
[94] 王怀成，张连马，蒋晓威．泛长三角产业发展与环境污染的空间关联性研究［J］．中国人口·资源与环境，2014，24（S1）：55-59.
[95] 王卉彤，刘传明，赵浚竹．交通拥堵与雾霾污染：基于职住平衡的新视角［J］．财贸经济，2018，39（1）：147-160.
[96] 王佳杰，童锦治，李星．税收竞争、财政支出压力与地方非税收入增长［J］．财贸经济，2014，35（5）：27-38.
[97] 王玉君，韩冬临．经济发展、环境污染与公众环保行为——基于中国CGSS2013数据的多层分析［J］．中国人民大学学报，2016（2）：85-98.
[98] 温怀德，刘渝琳，温怀玉．外商直接投资、对外贸易与环境污染的实证研究［J］．当代经济科学，2008（2）：88-94.
[99] 吴建南，徐萌萌，马艺源．环保考核、公众参与和治理效果：来自31个省级行政区的证据［J］．中国行政管理，2016（9）：75-81.
[100] 吴柳芬，洪大用．中国环境政策制定过程中的公众参与和政府决策——以雾霾治理政策制定为例的一种分析［J］．南京工业大学学报（社会科学版），2015（2）：55-62.
[101] 吴勋，白蕾．财政分权、地方政府行为与雾霾污染——基于73个城市PM2.5浓度的实证研究［J］．经济问题，2019（3）：23-31.
[102] 肖梦然．雾霾防治的环保执法问题研究［J］．法制与社会，2013（24）：246.
[103] 肖巍，钱箭星．环境治理中的政府行为［J］．复旦学报（社会科学版），2003（3）：73-79.
[104] 徐志伟．工业经济发展、环境规制强度与污染减排效果——基于“先污染，后治理”发展模式的理论分析与实证检验［J］．财经研究，2016，42（3）：134-144.
[105] 许正松，孔凡斌．经济发展水平、产业结构与环境污染——基于江西省的实证分析［J］．当代财经，2014（8）：15-20.

[106] 闫安 . 台商投资大陆经济政治研究：兼及台湾同胞与祖国大陆改革开放和现代化建设三十年［ J ］. 中共党史研究，2011（ 1 ）：53–69.

[107] 闫逢柱，苏李，乔娟 . 产业集聚发展与环境污染关系的考察——来自中国制造业的证据［ J ］. 科学学研究，2011，29（ 1 ）：79–83.

[108] 闫文娟 . 财政分权、政府竞争与环境治理投资［ J ］. 财贸研究，2012（ 5 ）：97–103.

[109] 严雅雪，齐绍洲 . 外商直接投资与中国雾霾污染［ J ］. 统计研究，2017，34（ 5 ）：69–81.

[110] 杨斌 . 2000—2006 年中国区域生态效率研究——基于 DEA 方法的实证分析［ J ］. 经济地理，2009，29（ 7 ）：1197–1202.

[111] 杨海生，贾佳，周永章，王树功 . 贸易、外商直接投资、经济增长与环境污染［ J ］. 中国人口 · 资源与环境，2005（ 3 ）：99–103.

[112] 姚圣，毛子涵 . 政治关联缓冲与地方环境业绩恶化：一个弹簧模型——以“紫金矿业事件”为例［ C ］. 南京：中国会计学会财务成本分会第 25 届理论研讨会论文集，2012.

[113] 姚战琪 . 不同外国资本跨国公司在华投资的动机、行为与表现［ J ］. 财贸经济，2007（ 5 ）：18–25.

[114] 于文超，高楠，龚强 . 公众诉求、官员激励与地区环境治理［ J ］. 浙江社会科学，2014（ 5 ）：23–35.

[115] 于文超 . 公众诉求、政府干预与环境治理效率——基于省级面板数据的实证分析［ J ］. 云南财经大学学报，2015（ 5 ）:132–139.

[116] 袁晓玲，张宝山，杨万平 . 基于环境污染的中国全要素能源效率研究［ J ］. 中国工业经济，2009（ 2 ）：76–86.

[117] 原毅军，谢荣辉 . 环境规制的产业结构调整效应研究——基于中国省际面板数据的实证检验［ J ］. 中国工业经济，2014（ 8 ）：57–69.

[118] 原毅军，孔繁彬 . 中国地方财政环保支出、企业环保投资与工业技术升级［ J ］. 中国软科学，2015（ 5 ）：139–148.

[119] 詹新宇 . 市场化、人力资本与经济增长效应——来自中国省际面板数据的证

据［J］. 中国软科学，2012（8）：166-177.

［120］张兵兵，田曦，朱晶 . 环境污染治理、市场化与能源效率：理论与实证分析［J］. 南京社会科学，2017（2）：39-46.

［121］张崇辉，苏为华，曾守桢 . 基于 CHME 理论的环境规制水平测度研究［J］. 中国人口 · 资源与环境，2013（1）：19-25.

［122］张宏翔等 . 政府竞争与分权通道的交互作用对环境质量的影响研究［J］. 统计研究，2015，32（6）：74-80.

［123］张华 . 地区间环境规制的策略互动研究——对环境规制非完全执行普遍性的解释［J］. 中国工业经济，2016（7）：74-90.

［124］张军 . 中国经济发展：为增长而竞争［J］. 世界经济文汇，2005（4）：101-105.

［125］张可，汪东芳 . 经济集聚与环境污染的交互影响及空间溢出［J］. 中国工业经济，2014（6）：70-82.

［126］张同斌，李金凯，程立燕 . 经济结构、增长方式与环境污染的内在关联研究［J］. 中国环境科学，2016（7）：2230-2240.

［127］张同斌，张琦，范庆泉 . 政府环境规制下的企业治理动机与公众参与外部性研究［J］. 中国人口 · 资源与环境，2017（2）：36-43.

［128］张雪梅 . 西部地区生态效率测度及动态分析——基于 2000—2010 年省际数据［J］. 经济理论与经济管理，2013（2）：78-85.

［129］张宇，蒋殿春 . FDI、政府监管与中国水污染——基于产业结构与技术进步分解指标的实证检验［J］. 经济学季刊，2014（2）：491-514.

［130］张征宇，朱平芳 . 地方环境支出的实证研究［J］. 经济研究，2010（5）：82-94.

［131］郑思齐，万广华，孙伟增，罗党论 . 公众诉求与城市环境治理［J］. 管理世界，2013（6）：72-84.

［132］郑展鹏，许培培 . 地区腐败、外商直接投资与碳排放——基于我国 2002—2014 年省际面板数据的分析［J］. 商业研究，2018（1）：153-160.

［133］钟茂初，李梦洁，杜威剑 . 环境规制能否倒逼产业结构调整——基于中国

省际面板数据的实证检验［J］．中国人口·资源与环境，2015，25（8）：107–115.

［134］朱平芳，张征宇，姜国麟．FDI 与环境规制：基于地方分权视角的实证研究［J］．经济研究，2011（6）：133–145.

［135］踪家峰，杨琦．分权体制、地方征税努力与环境污染［J］．经济科学，2015，37（2）：30–43.

［136］Albornoz F.，Cole M. A.，Robert J. R. In Search of Environmental Spillovers［J］. The World Economy，2009（32）：137–145.

［137］And R. L., Mitra S. Corruption, Pollution and the Kuznets Environment Curve［J］. Journal of Environmental Economics & Management，2000，40（2）：137–150.

［138］António Afonso，Furceri D. Government Size，Composition，Volatility and Economic Growth［J］. European Journal of Political Economy，2010，26（4）：517–532.

［139］Biswas A. K，Farzanegan M. R.，Thump M. Pollution，Shadow Economy and Corruption：Theory and Evidence［J］. Ecological Economics，2012，75（1）：114–125.

［140］Brajer V.，Mead R. W.，Xiao F. Searching for an Environmental Kuznets Curve in China's air pollution［J］. China Economic Review，2011，22（3）：383–397.

［141］Brent S. Thinking Globally and Acting Locally? Environmental Attitudes，Behavior and Activism［J］. Journal of Environmental Management，1996，47（1）：27–36.

［142］Bruvoll A.，Medin H. Factors Behind the Environmental Kuznets Curve. A Decomposition of the Changes in Air Pollution［J］. Environmental and Resource Economics，2003，24（1）：27–48.

［143］Bu M. L，Liu Z. B.，Wagner M.，Yu X. H. Corporate Social Responsibility and the Pollution Haven Hypothesis：Evidence from Multinationals' Investment Decision in China［J］. Asia–Pacific Journal of Accounting & Economics，2013，

20（1）：85–99.

[144] Caner M.，Hansen B. E. Instrumental Variable Estimation of A Threshold Model [J]. Econometric Theory，2004，20（5）：813–843.

[145] Chen Y.，Schleicher，N.，Chen Y. Z. The Influence of Governmental Mitigation Measures on Contamination Characteristics of PM2.5 in Beijing [J]. Science of the Total Environment，2014（8）：647–658.

[146] Chirinko，R. S.，Wilson D. J. Tax Competition among US States：Racing to the Bottom or Riding on A Seesaw [R]. CESifo Working Paper Series，2001，（3535）.

[147] Cole M. A.，Elliott R. J. R.，Fredriksson P. G. Endogenous Pollution Havens：Does FDI Influence Environmental Regulations [J]. Scandinavian Journal of Economics，2006，108（1）：157–178.

[148] Cole M. A. Corruption，Income and the Environment：An Empirical Analysis [J]. Ecological Economics，2007，62（3–4）：637–647.

[149] Damania R.，Fredriksson P. G. and List J. A. Trade Liberalization，Corruption and Environmental Policy Formation：Theory and Evidence [J]. Journal of Environmental Economics and Management，2003，46（3）：490–512.

[150] De Bruyn S. M.，van den Bergh，Opschoor J. B. Economic Growth and Emission：Reconsidering the Empirical Basis of Environmental Kuznets Curves [J]. Ecological Economics，1998，25（2）：161–175.

[151] De Santis R. A.，Stahler F. Foreign Direct Investment and Environmental Taxes [J]. German Economic Review，2008，10（1）：115－135.

[152] Dean J. M.，Lovely M. E.，Wang H. Are Foreign Investors Attracted to Weak Environmental Regulations？ Evaluating the Evidence from China [J]. Journal of Development Economics，2009，90（1）：1–13.

[153] Desai U. Ecological Policy and Politics in Developing Countries：Growth，Democracy and Environment [M]. Albany：State University of New York Press，1998.

[154] Dong B. M.，Gong J.，Zhao X. FDI and Environmental Regulation：Pollution

Haven or a Race to the Top? [J]. Journal of Regulatory Economics, 2012, 41(2): 216–237.

[155] Dong B., Torgler B. The Consequences of Corruption: Evidence from China [Z]. QUT School of Economics and Finance Working Paper, No456, 2010.

[156] Fredriksson P. G., Millimet D. L. Strategic Interaction and the Determinants of Environmental Policy Across US States [J]. Journal of Urban Economics, 2002, 51 (1): 101–122.

[157] Fredriksson P. G., Svensson J. Political Instability, Corruption and Policy Formation: the Case of Environmental Policy [J]. Journal of Public Economics, 2003, 87 (7): 1383–1405.

[158] Garavaglia P., Malerba F., Orsenigo, L., Pezzoni M. Technological Regimes and Demand Structure in the Evolution of the Pharmaceutical Industry [J]. Journal of Evolutionary Economics, 2012, 22 (4): 677–709.

[159] Garegnani P. and Trezzini, A. Cycles and Growth: A Source of Demand–driven Endogenous Growth [J]. Review of Political Economy, 2010, 22 (1): 119–125.

[160] Goel R. K., Nelson M. A. Are Corrupt Acts Contagious ? : Evidence from the United States [J]. Journal of Policy Modeling, 2007, 29 (6): 839–850.

[161] Grossman G. M., Krueger A. B. Environmental Impacts of a North American Free Trade Agreement [J]. Social Science Electronic Publishing, 1991, 8 (2): 223–250.

[162] Grossman G. M., Krueger A. B. Economic Growth and the Environment [J]. Quarterly Journal of Economics, 1995, 110(2): 353–377.

[163] Han L., Zhou W., Li W., et al. Impact of Urbanization Level on Urban Air Quality: A Case of Fine Particles (PM2.5) in Chinese cities [J]. Environmental Pollution, 2014 (194): 163–170.

[164] Hansen B. E. Threshold Effects in Non–dynamic Panels: Estimation, Testing, and Inference [J]. Journal of Econometrics, 1999, 93 (2): 345–368.

[165] Ivanova B. K. Corruption and Air Pollution in Europe [J]. Oxford Economic Papers, 2011, 63 (1): 49-70.

[166] Kathuria V. Informal Regulation of Pollution in a Developing Country: Evidence from India [J]. Ecological Economics, 2007, 63 (2): 403-417.

[167] Kremer S., Bick A., Nautz D. Inflation and Growth: New Evidence from a Dynamic Panel Threshold Analysis [J]. Empirical Economics, 2013, 44 (2): 861-878.

[168] Leitao A. Corruption and the Environmental Kuznets Curve: Empirical Evidence for Sulfur [J]. Ecological Economics, 2010, 69 (11): 2191-2201.

[169] Levinson, Arik. Technology, International Trade and Pollution from US Manufacturing [J]. American Economic Review, 2009, 99 (5): 2177-2192.

[170] Li G., Fang C., Wang S., et al. The Effect of Economic Growth, Urbanization and Industrialization on Fine Particulate Matter (PM2.5) Concentrations in China [J]. Environmental Science & Technology, 2016, 50 (21): 1452-1459.

[171] Li H., Zhou L. A. Political Turnover and Economic Performance: The Incentive Role of Personnel Control in China [J]. Journal of Public Economics, 2005, 89 (9-10): 1743-1762.

[172] Lippe M. Corruption and Environment at the Local Level [R]. Transparency International Working Paper, 1999, No. 99/02.

[173] Liu J., Zheng Y., Li Z., et al. Seasonal Variations of Aerosol Optical Properties, Vertical Distribution and Associated Radioactive Effects in the Yangtze Delta Region of China [J]. Journal of Geophysical Research: Atmospheres, 2012, 117 (6): 1029-1034.

[174] Loverly M., Popp D. Trade, Technology, and the Environment: Does Access to Technology Promote Environmental Regulation? [J]. Journal of Environmental Economics and Management, 2011, 61 (1): 16-35.

[175] Ma Y. R., Ji Q., Fan Y. Spatial Linkage Analysis of the Impact of Regional Economic Activities on PM2.5 Pollution in China [J]. Journal of Cleaner

Production, 2016, 139 (12): 1157–1167.

[176] Ohori S. Environmental Policy Instruments and Foreign Ownership [J] . Environmental Economics and Policy Studies, 2011, 13 (1): 65–78.

[177] Oliva P. Environmental Regulations and Corruption: Automobile Emissions in Mexico City [J] . Journal of Political Economy, 2015, 123 (3): 686–724.

[178] Pargal S., Wheeler D. Informal Regulation of Industrial Pollution in Developing Countries: Evidence from Indonesia [J] . Journal of Political Economy, 1996, 104 (6) :1314–1327.

[179] Pasche M. Technical Progress, Structural Change and the Environmental Kuznet Curves [J] . Ecological Economics, 2002, 4 (3): 381–389.

[180] Rauscher, Michael. Economic Growth and Tax–Competing Leviathans [J] . International Tax and Public Finance, 2005, 12 (4): 457–474.

[181] Rehman F. U., Ali A., Nasir M. Corruption, Trade Openness, and Environm–ental Quality: A Panel Data Analysis of Selected South Asian Countries [J] . Pakistan Development Review, 2007, 46, (4): 673–688.

[182] Ren S., Yuan B., Ma X., Chen X. International Trade, FDI and Embodied CO_2 Emissions: A Case Study of China' s Industrial Sectors [J] . China Economic Review, 2014, 28 (1): 123–134.

[183] Selden T. M., Song D. Environmental Quality and Development: Is there a Kuznet Curves for Air Pollution Emission ? [J] . Journal of Environmental Economics and Management, 1994, 27 (2): 147–162.

[184] Shandra J. M., Shor E., London B. Debt, Structural Adjustment, and Organic Water Pollution: A Cross–National Analysis [J] . Organization & Environment, 2008, 21 (1): 38–55.

[185] Shleifer A., Vishny R. Corruption [J] . Quarterly Journal of Economics, 1993, 108 (3): 599–617.

[186] Smarzynska B. K., Wei S. J. Pollution Havens and Foreign Direct Investment: Dirty Secret or Popular Myth ? [R] . World Bank Policy Research Working

Paper, 2001, No. 2673.

[187] Tang M., Song S. Investigation on the Power Source of Public Participation in Environmental Issues in China [J] . Cross-Cultural Communication, 2012, 8 (5) :1-5.

[188] Tone K. A Slacks-based Measure of Super-efficiency in Data Envelopment Analysis [J] . European Journal of Operational Research, 2002, 143 (1): 32-41.

[189] Torras M., Boyce J. K. Income, Inequality, and Pollution: A Reassessment of the Environmental Kuznets Curve [J] . Ecological Economics, 1998, 25 (2): 147-160.

[190] Wang H. Pollution Charge, Community Pressure and Abatement Cost of Industrial Pollution in China [R] . World Bank Policy Research Working Paper, No. 2337, 2000.

[191] Wang X. H., Bryer T. Assessing the Costs of Public Participation: A Case Study of Two Online Participation Mechanisms [J] . American Review of Public Administration, 2012, 43 (2) :179-199.

[192] Wang Z., Danish, Zhang B., et al. The Moderating Role of Corruption between Economic Growth and CO_2 Emissions: Evidence from BRICS Economies [J] . Energy, 2018, 148 (1): 506-513.

[193]Welsch H. Corruption, Growth and the Environment: A cross-country Analysis [J]. Environment and Development Economics, 2004, 9 (5): 663-693.

[194] Wilson J. D. Theories of Tax Competition [J] . National Tax Journal, 1999, 52 (2): 269-304.

[195] Wilson J. K., Damania R. Corruption, Political Competition and Environmental Policy [J] . Journal of Environmental Economics & Management, 2005, 49 (3): 506-535.

[196] Xie R., Wei D., Han F., et al. The Effect of Traffic Density on Smog Pollution: Evidence from Chinese Cities [J] . Technological Forecasting and Social Change,

2019，144（7）：421-427.

[197] Yutao Wang，Mingxing Sun，Xuechun Yang. Public Awareness and Willingness to Pay for Tackling Smog Pollution in China？：A Case Study [J]. Journal of Cleaner Production，2016（112）：1627-1634.

[198] Zeng D. Z.，Zhao L. Pollution Havens and Industrial Agglomeration [J]. Journal of Environmental Economics & Management，2009，58（2）：141-153.

[199] Zhang J. Foreign Direct Investment，Governance，and the Environment in China：Regional Dimensions [D]. Birmingham：The University of Birmingham，2008.

[200] Zhang Y. J.，Jin Y. L.，Chevallier J.，et al. The Effect of Corruption on Carbon Dioxide Emissions in APEC Countries：A Panel Quantile Regression Analysis [J]. Technological Forecasting and Social Change，2016，112（2）：220-227.

后　记

党的“十九大”报告指出，生态文明建设是关系中华民族永续发展的千年大计，必须践行“绿水青山就是金山银山”的理念，坚持和完善生态文明制度体系，促进人与自然和谐共生。当前，全国上下对生态文明建设日益重视，我国也已经迈入中国特色社会主义新时代，“污染治理攻坚战”进入决胜阶段，系统全面地研究经济社会转型中诸多现实问题与地区环境治理的关系，具有重要意义。

本书是在作者主持的国家社科基金项目“反腐败与地方政府环境治理提升研究（15CGL042）”研究报告基础之上，结合作者近年来在环境治理领域的一些研究成果综合而成。本书后六章的研究内容均可自成体系，分别研究了经济社会转型中的某一问题对地区环境治理的影响，并提出了相应的对策建议。本书研究工作基于系统的研究数据、科学的研究方法展开，有力地拓展了该领域理论框架和研究内容，对环境治理研究者有一定的参考价值。

在本书的撰写过程中，得到了诸多师长、朋友、同事的指导帮助。在这里，我谨向湖南大学的刘辉煌教授、许和连教授，河南财经政法大学的王怀民教授、李新安教授、王洪庆教授、王彩霞教授，西南财经大学的李长青副教授，海南师范大学的毛军博士，河南财经政法大学的李凯杰副教授、陈恭军博士等，表示诚挚的感谢。硕士研究生袁丙兵、白婷婷、程茜等参与了部分研究资料的搜集整理，一并致谢。在本书的出版过程中，中国经济出版社张梦初女士给予了鼎力支持，十分感谢！

当然，鉴于本书考察因素较多、研究样本制约和作者能力所限，难免有疏漏欠缺之处，敬请有关专家学者斧正。

李子豪

二〇二〇年三月五日